学び効率が最大化するインプット大全

桦泽紫苑学习法

被脑科学证明的学习效率最大化的学习法

［日］桦泽紫苑 著

中国青年出版社
CHINA YOUTH PRESS

图书在版编目（CIP）数据

桦泽紫苑学习法：被脑科学证明的学习效率最大化的学习法 / （日）桦泽紫苑著；黄悦生译.
—北京：中国青年出版社，2021.7
ISBN 978-7-5153-6408-7

Ⅰ.①桦… Ⅱ.①桦…②黄… Ⅲ.①学习效率 Ⅳ.①G442

中国版本图书馆 CIP 数据核字（2020）第101642号

MANABI KOURITSUGA SAIDAIKASURU INPUT TAIZEN by Shion Kabasawa
Copyright©shion kabasawa, 2019
Book Design©Shimpachi Inoue
All rights reserved.
Original Japanese edition published by Sanctuary Publishing Inc.
Simplified Chinese translation copyright©2021 by China Youth Book, Inc. (an imprint of China Youth Press)
This Simplified Chinese edition published by arrangement with Sanctuary Publishing Inc., Tokyo, through HonnoKizuna, Inc., Tokyo, and Bardon Chinese Media

桦泽紫苑学习法：
被脑科学证明的学习效率最大化的学习法

作　者：	〔日〕桦泽紫苑
译　者：	黄悦生
策划编辑：	刘　吉
责任编辑：	肖　佳
美术编辑：	张　艳
出　版：	中国青年出版社
发　行：	北京中青文文化传媒有限公司
电　话：	010-65511272 / 65516873
公司网址：	www.cyb.com.cn
购书网址：	zqwts.tmall.com
印　刷：	大厂回族自治县益利印刷有限公司
版　次：	2021年7月第1版
印　次：	2023年3月第2次印刷
开　本：	880×1230　1/32
字　数：	150千字
印　张：	8.5
京权图字：	01-2020-2522
书　号：	ISBN 9787515364087
定　价：	59.90元

版权声明

未经出版人事先书面许可，对本出版物的任何部分不得以任何方式或途径复制或传播，包括但不限于复印、录制、录音，或通过任何数据库、在线信息、数字化产品或可检索的系统。

中青版图书，版权所有，盗版必究

序

在"信息爆炸时代",必须进行学习革新

随着日本《工作方式改革相关法案》的实施,现在其实已经进入了"禁止加班,必须提高生产效率"的时代。钻研学习法,提高学习效率,无疑有助于提高生产效率。

所谓"学习",就是"输入",是指从书本、他人、互联网等各种来源摄入信息并加以吸收。再往细说,平时看邮件、看业务资料也属于学习行为。

我们每天在学习行为上花费大量时间,并吸收了大量信息,但很多人却觉得未能获得相应的效果——获取的信息不会运用;读过的书过目即忘;工作和生活并没有因学习而发生积极的变化。

坐电车的时候,有很多人在看手机,但一个个都表情倦怠,几乎没有人面带笑容。根据某项调查,33%的手机用户陷入了"手机疲劳症"。

据说,互联网上的信息比20年前增加了5000倍。而且,确信无疑的是,我们接触到的信息还会以迅猛的速度继续增加,正可谓进

入了"信息爆炸时代"。

换言之,按原有学习方式会耗费太多时间和精力——这正是"手机疲劳症""信息疲劳症"的原因所在。

在科学技术日新月异的今天,我们如果不对"学习法"进行革新的话,就会因此而身心俱疲,无法高效而充满干劲地开展工作。

只有对"学习法"进行革新,才能成为AI时代信息化社会的胜利者。

输入信息的97%都是没用的?

有这样一项实验:让175个人尽可能回想起最近一周在互联网上看到过的信息。结果,平均每个人只能回想起3.9条信息。

假设每天看20条信息,那么一周就有140条。然而,能保留在记忆里的,却仅仅只有4条。信息吸收率仅为3%。

如此看来,你的"学习法"最终岂不是成了毫无成果的"时间消磨法"?

"学习成果在日本首屈一指的精神科医生"的学习法

我是精神科医生桦泽紫苑,至今已经出版了30部著作,被人称为"学习成果在日本首屈一指的精神科医生"。以下是我的其中一部分输出成果:

每天向用户推送消息,14年

每天更新Facebook,9年

每天更新YouTube,6年

每天写作3个小时以上,12年

每年出版2~3本著作,连续11年

每月至少举办2次新作研讨会,连续10年

我的这些输出成果，源自以下的输入行为：
读书（利用碎片时间）：每月20~30本
看手机：每天30分钟以下
上网收集信息：每天15~20分钟

由此可见，我几乎没怎么把时间花在输入行为上。

然而，我却能高效地收集每年3本著作的写作素材、每天更新YouTube以及推送消息的素材、最前沿的脑科学信息……被周围人称为"对最新信息了如指掌的人"。

——这些都要归功于所需时间最短、效率最高的"学习法"。

大多数人已经逐渐意识到展示学习成效的重要性。其实，输入和输出是内外一致的，就像汽车的左右轮子一样属于相辅相成的关系。

如果输入贫乏空洞，无论如何绞尽脑汁，都只能输出贫乏空洞的东西。

我希望，尽可能让更多的人重新认识"输入"，然后通过"学习"来实现自我成长。基于这样的想法，我大约花一年时间写了这本书。

在这本书里，我将向大家介绍"有助于提高展示学习成效的学习法"——我通过几万个小时的实践和验证，确信这套方法是具有显著成效的。

我衷心希望，这本书能帮助你加快实现自我成长。

目　录

| 序 | 004 |
| 前言 | 015 |

第一章　输入的基本法则
RULES

输入更注重"质",而不是"量"
——"高质量的输入"决定成长曲线 ——————————— 018

如何提高输入的精度
——如果不是"真正需要的信息",就要勇于舍弃 —————— 020

只有保存在记忆里,输入才能成立
——如果信息只是在头脑中一闪而过,则毫无意义 ————— 022

输入的基本法则1
——改掉"漫不经心地"读、听、看的坏习惯 ———————— 024

输入的基本法则2
——"输入"与"目标设定"必须相伴而行 ————————— 026

法则的基本法则 3
——输入与输出是"表里一体"的 ———————————028

以输出为前提的输入方法 1
——以输出为前提="AZ法" ———————————030

以输出为前提的输入方法 2
——"AZ法"能使输入效果增强100倍 ———————032

只收集必要信息的方法 1
——自动筛选对自己重要的信息 ———————————034

只收集必要信息的方法 2
——用"自问自答"和"AZ法"提高敏感度 —————036

利用大脑机制，提高记忆力
——伴随着喜怒哀乐的事情会鲜明地保留在记忆中 ———038

第二章 科学记忆的读书法
READ

01 读书
——读书是学习的第一步 ———————————————042

02 每月读 3 本书
——"每月读10本"不如"每月读3本+输出" —————044

03 深入阅读
——以输出为前提，加快"深读"的速度 ——————046

04 以写读后感为前提进行阅读
——达到"能向别人讲述的水平" ———————————048

05 选择书
——提高遇到"全垒打式好书"的概率 ———————050

06 做个中立的读者
——不抱成见、保持"纯粹"很重要 ———————————052

07 均衡地阅读
——防止信息偏差的"3点阅读法" ———————————054

08 高效阅读
——先用"哗啦哗啦翻看法"（快速"翻看"）把握这本书的整体内容———056

09	为解决问题而读书
	——大家所不知道的读书的第3个作用 ——— 058

10	读小说
	——"娱乐"之中有很多意想不到的好处 ——— 060

11	看电子书
	——可随身携带多本书，购买后能立刻查看 ——— 062

第三章 加深学习理解的倾听方法
LISTEN

12	现场聆听
	——打动人心的"非语言信息" ——— 066

13	坐在最前排听（高效倾听1）
	——坐在"最前排"可以使学习效果最大化 ——— 068

14	面向前方倾听（高效倾听2）
	——做笔记时只记真正重要的点 ——— 070

15	有目的地倾听（高效倾听3）
	——明确目的，并写在笔记本上 ——— 072

16	以提问为前提倾听（高效倾听4）
	——努力成为"能提出好问题的人" ——— 074

17	一边做笔记一边倾听（高效倾听5）
	——提高专注力的"笔记"的作用 ——— 076

18	请教朋友
	——放下自尊心，向"同辈"请教 ——— 078

19	"耳学"
	——最大限度地利用碎片时间的学习方法 ——— 080

20	听有声书
	——"讨厌看书""讨厌看文字"之人的救星 ——— 082

21	听伴侣说话
	——每天30分钟的"共鸣"是夫妻和睦的秘诀 ——— 084

22	倾听
	——深层次地理解对方，产生同感 ——— 086

23 同感
—— 想象对方的心情，无条件地接纳 ——————————088

24 轻松地倾听
—— 并非"承受压力"，而是"卸下压力" ——————————090

25 听英语
—— 运用"表里一体"提高听力 ——————————092

26 听音乐1
—— 要听音乐的话，不能"边学边听"，而要"在学习前听" —— 094

27 听自然音
—— 提高效率的"少量杂音" ——————————096

28 听音乐2
—— "工作""运动"的时候听音乐有明显效果 ——————098

29 听音乐3
—— 选择合适的音乐来调节心情 ——————————100

第四章 能把一切转化为自我成长的观察方法
WATCH

30 观察
—— 洞悉对方的内心，敏感地觉察到变化和流行趋势 ——————104

31 训练观察力
—— 反复进行"观察+为什么"的训练 ——————————108

32 揣摩表情
—— 瞬间明白对方心意的"石蕊测试法" ——————————112

33 重温
—— 两周内输入3次以上以巩固记忆 ——————————114

34 回看素材本
—— 培养创意的"笔记整理法" ——————————116

35 看电视1
—— 把"单纯的娱乐"变成"宝贵的输入源" ——————118

36 看电视2
—— 运用魔法般的时间术，把电视变成促进自我成长的良友 —— 122

37 看电影
——从"人生教科书"的大屏幕上得到启发 ——————124

38 看现场演出
——只有亲临现场才能获得的"感动体验" —————128

39 美术鉴赏 1
——"艺术"能培养商务技能和创造力 ——————130

40 美术鉴赏 2
——听语音解说,加深对作品的理解 ———————134

41 欣赏自然风光
——在公园里午休,增加活力 ——————————136

42 闭上眼睛
——把大脑从"看"和"读"之中解放出来 ————138

第五章 最便捷高效的上网术
INTERNET

43 调整比例
——信息与知识的最佳比例是 3∶7 以下 —————142

44 使用邮箱
——合理地对待"次要工作",合理地使用邮箱 ——144

45 辨别信息
——对于信息的正确性,要经常保持质疑的态度 ——148

46 关注信息发布人
——接收"专家"发布的正确信息 ————————150

47 信息的"快递化"
——建立"收到自己所需信息"的体系 —————152

48 搜索
——最快捷地找到所需信息的诀窍 ———————156

49 高级搜索
——面向信息达人的网络使用技巧 ———————160

50 存储
——网上的信息"保存为PDF文件" ——————164

51 分享
　　——这种输出方式，既能获得感谢，又能促进自我成长 ——166

52 用图片做记录
　　——用图片代替笔记来管理电子信息 ——168

53 视频的用途
　　——除了"娱乐"还有无限可能 ——170

54 阅读杂志
　　——只需用低廉的价格，就能获得关于最新流行时尚的知识 ——174

55 看新闻
　　——80%的新闻是对自己没用的 ——176

56 限制时间
　　——玩手机和SNS最好控制在"每天1小时以内" ——178

57 合理地使用手机
　　——过度使用手机甚至会增加自杀的可能性 ——180

第六章 激发各项能力的最强学习方法
LEARN

58 与人见面
　　——"与100人见1次"不如"与10人见10次" ——186

59 参加社团
　　——能遇见志趣相投之人 ——190

60 一对一学习
　　——"讨人喜欢"能使学习效果最大化 ——192

61 向导师学习 1
　　——努力模仿"自己的榜样" ——196

62 向导师学习 2
　　——直接去见你觉得"好厉害"的人 ——198

63 了解自我
　　——直面自我，提高自我洞察力 ——200

64 从疾病中学习
　　——疾病是提醒我们的"警告信号" ——202

65 从历史中学习
——从成功和失败的宝库中可以学到很多 ——204

66 参加水平测试
——乐在其中的最强大脑训练 ——206

67 参加资格考试
——"资质"比"资格"更重要 ——208

68 学习外语
——应该锻炼的是"和外国人友好交流的能力" ——210

69 学习心理学
——"心理辅导员"的工作非常辛苦 ——212

70 读研究生
——既然要读,就要做好"受苦"的心理准备 ——214

71 玩
——促进自我成长的"主动娱乐" ——216

72 会玩
——把"玩"的活动安排也写出来,以此确保落实 ——218

73 外出旅行
——开拓视野,许多的感动能改变人生 ——220

74 国内旅行
——"乘电车30分钟就到"的车站也能带来启发 ——222

75 国外旅行
——把国外旅行当奖励,就会提高工作热情 ——224

76 吃
——获得幸福的最简单方法 ——228

77 光顾"好吃的餐馆"
——如何不被"评分"迷惑而找到"好吃的餐馆" ——230

78 饮酒1
——"每天1杯啤酒+每周2次休肝日"为适量 ——232

79 饮酒2
——"睡前喝酒"成为导致睡眠障碍的原因 ——234

80 学习烹饪
——激活大脑,还能锻炼规划能力 ——236

第七章 飞跃提升学习能力的方法（应用篇）
ADVANCED

精致化记忆
——谁都玩过的"谐音法"是最强的记忆法 ——————— 240

输入后立刻输出
——"刚结束时"的"回想练习"可以增强记忆 ——————— 244

构建脑内信息图书馆
——实现达成目标的"曼陀罗九宫格" ——————— 246

学习不可贪多
——收获"3点启发"就足够了 ——————— 250

学习不可知足
——可以无限学习的"3+3"法 ——————— 252

充分利用睡前时间
——睡前15分钟是"记忆的黄金时间段" ——————— 254

改善记忆力
——"每周运动2小时以上"可以提高记忆力 ——————— 256

一边运动，一边输入
——从脑科学来看，唯一可行的"一心二用式"输入 ——————— 258

休息
——休息时间应该起身运动 ——————— 260

移动
——通过激活"位置神经元"来提高记忆力 ——————— 262

为将来做准备
——现在的输入效果，要10年后才能实际感受到 ——————— 264

结束语 ——————— 266

何为"输出"？

复习一下4个基本规则

《输出大全》可以说是日本第一本以"输出"为主题的"输出百科事典"。这本《输入大全》是其续篇。在正式进入此书之前，我们不妨来回顾一下关于输出的基本知识。

输出的基本法则①
两周内运用过3次的信息能转化为长期记忆

信息输入大脑之后的两周内，如果被多次运用的话，就会作为"重要信息"被长期保存在大脑的"颞叶区"。如果能达到"两周内输出3次以上"的标准，就容易作为长期记忆保存起来。

输出的基本法则②
输出与输入的循环——"成长的螺旋楼梯"

像攀爬螺旋楼梯一样，反复不断地进行输入与输出。这正是终极的学习法，是"自我成长的法则"。

输出的基本法则③
输入与输出的黄金比例是3∶7

哥伦比亚大学的心理学家亚瑟·盖茨博士曾做过这样一个实验：把100多个小孩分成几组，让他们背诵名簿中的人物简介。各组设定了不同的记忆时间（输入）和练习时间（输出）的比例。结果显示，获得最高分那组的输入输出比例为3∶7。

输出的基本法则④
对输出结果进行评价,并据此进行下一次改善

要实现自我成长,"反馈"是必不可少的环节——对输出结果进行评价,并根据结果对下一次输入进行改善。让我们养成评价、反省、改善、方向修正、微调、查找原因的习惯吧。

> **攀爬自我成长的螺旋楼梯**

按"输入3:输出7"的黄金比例进行反复循环,这样就能加速实现自我成长。

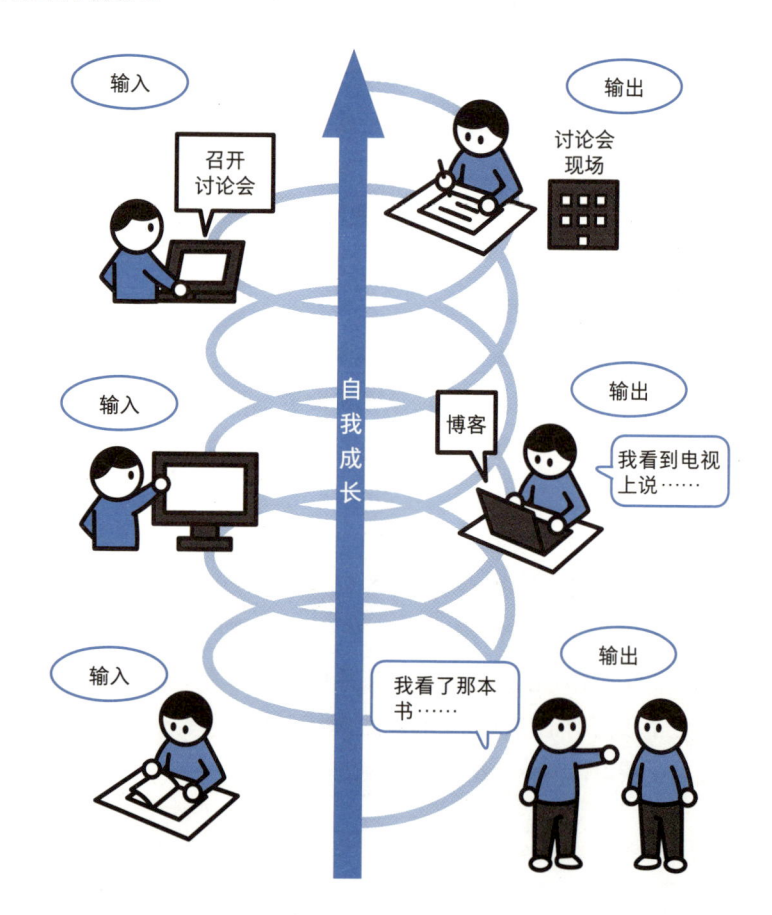

THE POWER OF
INPUT

第一章

输入的基本法则

RULES

输入更注重"质",而不是"量"

——"高质量的输入"决定成长曲线

在输入行为中,"量"和"质"哪个更重要呢?

答案是"质"。然而,绝大多数人都一味追求"量",而忽略了"质"。这说不定正是你无法实现自我成长的原因之一。

在书店里,提倡读完书就进行输出的"输出式读书法"方面的书逐渐增多,可是宣扬"速读""多读"等老一套读书法的书却仍然源源不断地出版。

可见,仍然有很多人在追求输入的"量",仍然有很多人受到"多读书就能实现自我成长"这种错误幻想的支配。

我们再来看另一个问题。

以下哪个方法可以实现自我成长呢?

A. 每月读1本"全垒打式好书"

B. 每月读10本"三振出局式鸡肋书"[三振出局:棒球术语,指击球手在比赛中三击不中而出局。]

"全垒打式好书",是指干货很多、信息密度很高的书,读者能从中深受启发、学到知识,甚至让人爱不释手;而"三振出局式鸡肋书",则是那种内容浅薄、不得要领的书,读者往往从中学不到什么东西。

答案是A。

与其阅读大量内容浅薄的"三振出局式鸡肋书",不如认认真真地阅读一本自己真正需要的"全垒打式好书",这样会得到更多"启发",更明确"TO DO(应该做什么)",对自我成长更有意义。就所需时间而言,读1本"全垒打式好书"用时也少得多,效率更高。

再看一个问题。

以下哪个方法更能实现自我成长呢？

A. 每月读1本"全垒打式好书"

B. 每月读3本"全垒打式好书"

答案是B。

既然是内容充实的书，当然读得越多收获就越大，就越能促进成长。也就是说，输入应该先讲"质"，再讲"量"。

不得要领地大量输入，是无法实现自我成长的。首先确保"质"，然后再增加"量"吧。低质量的输入是毫无意义的。

哪个方法可以实现自我成长？

读1本"全垒打式好书" → 自我成长

读10本"三振出局式鸡肋书" →

读1本"全垒打式好书" → 自我成长

读3本"全垒打式好书" →

"质"和"量"哪个更重要？

不得要领地大量输入 量 慢慢地→ 自我成长

首先确保输入的"质" 质 量 大量地、高质量地输入 飞跃性地 自我成长

> 输入的时候，先确保"质"，然后再追求"量"。

CHAPTER1 RULES

如何提高输入的精度

——如果不是"真正需要的信息",就要勇于舍弃

请尽可能地把你最近这1周以来在网上看过的新闻、信息、博客写下来,看还记得多少。限时一分钟。

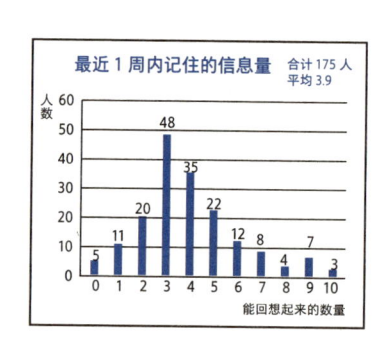

你能回想起多少条新闻和信息呢?正如我在序言中所说,我以175名研讨班学生为调查对象进行了这项实验,结果显示平均每个人只能回想起3.9条信息。最多有人写出了10条。而大约一半人只能回想起不到3条信息。

我们每天利用手机和电脑从网上获取大量信息。假设1天花30分钟浏览20条信息,那么1周就会接触到多达140条信息。可是,其中能够保存在记忆中的却只有4条。信息吸收率仅为3%。

很多人一到休息时间就立刻打开手机,查看最新消息。然而,仅仅过了一周,其中97%的信息就会被遗忘。

输入重在"质",可世界上很多人却在进行着低质量的输入。结果,输入的内容几乎被遗忘殆尽。

我在前文说了要"提高输入质量"。在本书中,把提高输入质量表述为"提高输入精度"。只需想象一下投飞镖时瞄准靶心的感觉,应该就不难理解了。

绝大多数人不会筛选信息。换言之,就好像投飞镖时不看靶心一样。所以,不可能命中目标。

把目标确定在"自己真正需要的信息或知识"上,采用定点收

集的方法，就能缩短时间，并且做到高效输出。请对信息进行筛选和分类吧。

而对于那些原本"不需要的信息"，则尽量"不看""不接触"——也就是说，必须努力"舍弃"这些信息。

在这本书里，我将告诉大家"打开接收天线""信息快递化""构建信息图书馆"等可以极大程度地提高"输入精度"的方法。

只要你用心实践，就一定能把3%左右的信息吸收率提高到90%以上。也就是说，把输入效率提高到30倍以上。

这样，你几乎不必多费时间，只收集自己需要的信息，却能长期保存在记忆里。最终就能在短时间内实现飞跃式的自我成长。

输入之前先确定目标

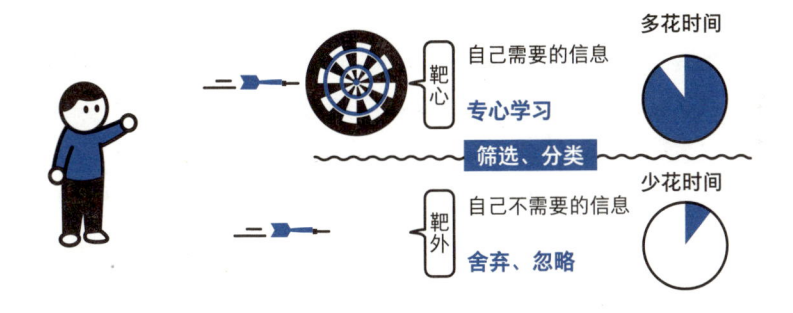

靶心 自己需要的信息 **专心学习** 多花时间

筛选、分类

靶外 自己不需要的信息 **舍弃、忽略** 少花时间

> 浏览手机是在浪费时间。
> 要确定目标再收集信息。

第一章 输入的基本法则 RULES

只有保存在记忆里，输入才能成立

—— 如果信息只是在头脑中一闪而过，则毫无意义

我在医院里为患者开药时，会向其说明服药方法、起效时间以及常见的副作用等。大概说明了10分钟之后，我会问些问题，以确认对方有没有听懂。

桦泽："您明白了吗？"
患者："明白了。"
桦泽："那么，请您复述一下我刚才说的话可以吗？"
患者："……"

在这一瞬间，绝大多数患者都会陷入沉默。听了10分钟的内容，竟然什么都回想不起来。有的患者边听边做笔记，还能说上一些；而大多数患者虽然貌似在听，却几乎没记住医师所说的话。

尽管可能有各种理由——比如说在医生面前很紧张，或是因为一直在担心病情……可是，如果没记住医生所说的话，那么就很可能耽误病情。

虽然在听别人说话，但却完全没记住——这种情况其实非常普遍。

在学校上课也是这样。听了50分钟的课，下课时，老师要求："请说一下刚才所学的内容。"恐怕没几个学生能立刻说出来吧。

这就是所谓"左耳进，右耳出"的现象。根本没记住内容的状态，能称为"输入"吗？

输入,是指"信息的输入"。信息进入大脑而没有保存下来的话,就不能算是"输入(Input)"。只能算是一闪而过。

光靠"听",是很难记住的。信息就像竹篮打水似的从脑中流走,我把这种状态称为"竹篮打水"。你以为已经把文件保存在自己电脑里了,但其实并没保存,这样就不能称为"输入"。

所谓输入(INPUT),是指信息进入大脑(IN),并被存放(PUT)。信息经过IN和PUT,才能算是"INPUT"。

也就是说,即便你听人讲了几个小时,但只要没有保存在记忆中,就毫无意义。

什么是真正的输入?

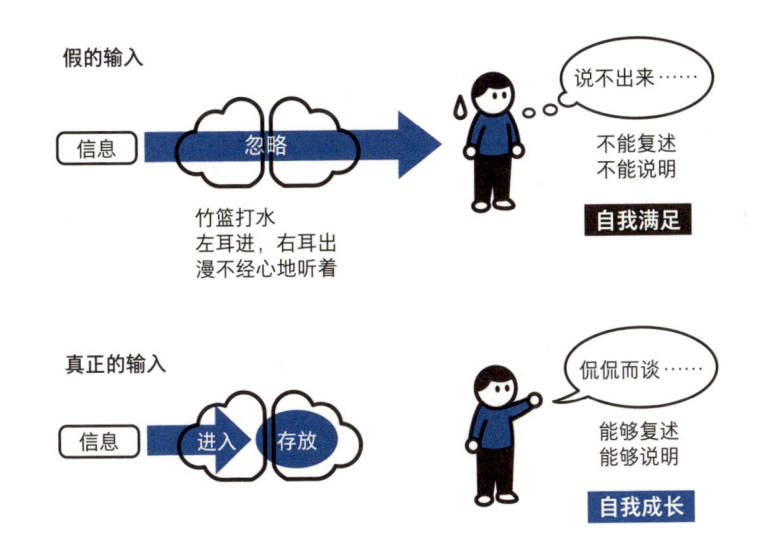

假的输入

信息 → 忽略 → 说不出来……
不能复述
不能说明
自我满足

竹篮打水
左耳进,右耳出
漫不经心地听着

真正的输入

信息 → 进入 → 存放 → 侃侃而谈……
能够复述
能够说明
自我成长

> 信息进入大脑(IN)并被保存起来(PUT),才是真正的"INPUT"。

CHAPTER1 RULES

输入的基本法则1

—— 改掉"漫不经心地"读、听、看的坏习惯

你能说出"输入"和"输出"的定义吗?

输入是指"读""听";输出是指"说""写""行动"。——如果你能立刻回答出来,就说明你充分理解了《输出大全》这本书的内容。

自《输出大全》出版以来,市面上出现了很多关于输出的书。其中大多数都采用了《输出大全》里的定义——输出是指"说""写""行动"。

那么,输入的定义又是怎样的呢?输入主要是指"读"和"听"。另外,"看"应该也算吧。

"输入,是指'读'、'听'、'看'。"——从行为本身来说,这个定义是正确的。可是,如果听了50分钟的课却根本不记得上课内容,信息没有被输入到大脑里的话,就不能称为"输入"。那只是

对"输入"进行重新定义

	假的输入	真正的输入
读	漫不经心地读 read 竹篮打水式地读	深入阅读 精读　read carefully 深读　read deeply
听	漫不经心地听 hear 竹篮打水式地听	专心致志地听 倾听　listen attentively
看	漫不经心地看 see 竹篮打水式地看	专心致志地看　look 观察　watch

"竹篮打水"，是"假的输入"。

换言之，通过"读""听""看"获得信息，并将其保存在记忆中——这才是"输入"的定义。

不是"漫不经心地读"，而是"专心致志地读"，有意识地读。不是"竹篮打水式地读"，而是"精读""深读"（深入阅读以达到能进行讨论的水平）。

不是"漫不经心地听"，而是"专心致志地听"。不是"竹篮打水式地听"，而是一边理解内容、一边有意识地用心听，或者叫"倾听"。类似于英语中的"listen"，而非"hear"。

不是"漫不经心地看"，而是"专心致志地观察"，有意识地观察细节部分并保存在记忆中。类似于英语中的"look"（注视）、"watch"（观察），而非"see"（眺望）。

然而遗憾的是，绝大多数人都处于"竹篮打水式地"读、听、看的状态。让我们逐渐养成专注地、有意识地把信息输入大脑的习惯吧。

"漫不经心"是坏习惯

竹篮打水式地读　　竹篮打水式地听　　竹篮打水式地看

【注】在日语中，"竹篮"与"猴子"是谐音词。

> 首先，从"专心听别人说话"做起，改掉"左耳进，右耳出"的坏习惯。

输入的基本法则2

——"输入"与"目标设定"必须相伴而行

"你为什么要学英语呢?"我问最近开始学习英语的A君。

A君回答说:"因为将来可能用得上。"

其实,这是最行不通的输入方式。

输入的目标很模糊,不知道该往哪个方向努力。这样一来,输入精度很低,很难实现自我成长。

学习时、读书时、听讲座时都一样。当你学习或输入的时候,请一定要先设定好"方向"和"目标"。只需要10秒钟,就能使输入精度得到飞跃性的提高。

例如,学英语的时候,请思考:"为什么要学英语?"

假设是因为"想去留学",那么"英语"就是主要关键词,而"留学"则是表示方向的关键词。在此基础上,想清楚希望得到怎样的结果,定下更加明确的目标。

"想去澳大利亚打工度假!"这样具体的目标就挺好的。为此,需要达到什么程度的语言能力呢?——如果能取得TOEIC®450分的话,应该就没问题。要在什么时间之前考呢?——"2021年4月之前。"必须连期限也确定下来。

只要确定了如此具体的方向,接下来,"买什么教材""每周需要学几个小时"等具体的学习方法也就有眉目了。

而那些因为"将来可能用得上"而学英语的人,则很难回答"想达到什么水平""会在什么场合用到英语"等问题,甚至不知道如何选择适合自己的教材和学习方法。

"输入"与"目标设定"必须相伴而行。

我做了一个《目标设定表》。你只要填写表格,就能明确自己的"方向""目标"和"期限"。

读者们可以下载PDF版(夹页上的"读者免费赠送")并打印,用笔填写,然后贴到桌上。这样更能激发动力,实现自己的目标。

设定方向和目标

《目标设定表》

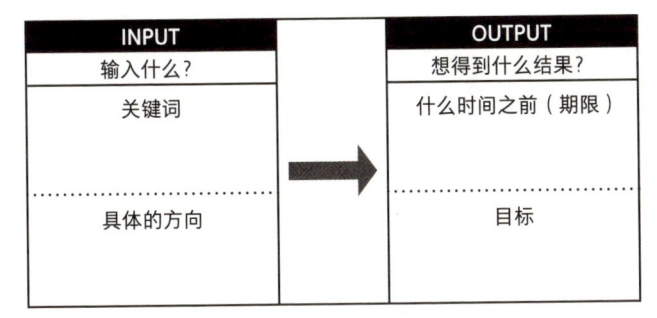

INPUT 输入什么?	OUTPUT 想得到什么结果?
关键词	什么时间之前(期限)
具体的方向	目标

《目标设定表》(填写实例)

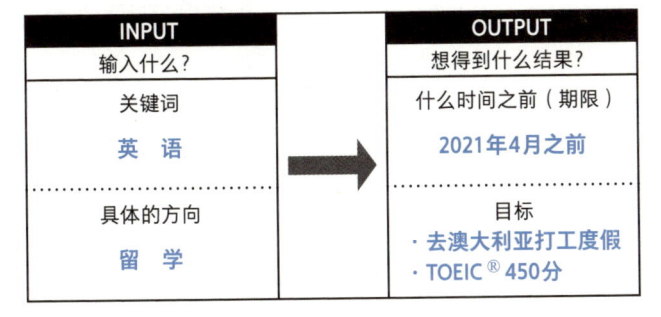

INPUT 输入什么?	OUTPUT 想得到什么结果?
关键词 英　语	什么时间之前(期限) 2021年4月之前
具体的方向 留　学	目标 · 去澳大利亚打工度假 · TOEIC® 450分

> 输入之前,请用10秒钟思考"为什么要做"。

第一章　输入的基本法则 RULES

CHAPTER1 RULES

输入的基本法则3

—— 输入与输出是"表里一体"的

反复不断地"输入→输出→反馈",就能实现自我成长。这项"自我成长法则"可以说是《输出大全》中最重要的一点。不过,在实际运用中,输入和输出通常是同时进行、同时处理的。

例如,在网球比赛中,选手一边看着球和对方的动作,一边预测对方的下一个动作,而自己的双脚也不停地在移动。可见,"获取信息"(输入)与"采取行动"(输出)是同时进行的。如果等确认完球的位置再开始移动双脚的话,肯定跟不上球的速度吧。

日常会话也一样。"听"是输入,"说"是输出。其实二者并不完全是交替进行,而是一边听、一边在头脑中想接下来要说什么。实际上,"听"和"说"几乎是同时处理的。

一边听人说话一边做笔记也是这样。并非等对方讲完一段话后才开始记录。"听"(输入)和"写"(输出)其实是同时进行的。

输入与输出是"表里一体"的

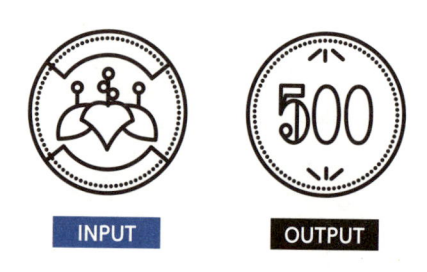

INPUT　　OUTPUT

【注】这是日本500日元硬币的正反面图案,此处用来表示"表里一体"的意思。

如这些例子所示，输入和输出并非各自独立的动作。在很多时候，它们几乎是同时进行、同时处理的。也就是说，输入和输出可谓是"表里一体"。

打个比方，500日元硬币的正面相当于输入，反面相当于输出。想支付250日元的时候，总不能只把硬币的正面剥下来用吧？——我们要意识到，输入和输出就是这样互为一体、不可分割的关系。

如果能充分利用输入与输出这种"表里一体"的特征，同时进行输入与输出的话，就可以增强记忆效果、提高学习效率。

同时进行输入与输出，提高学习质量

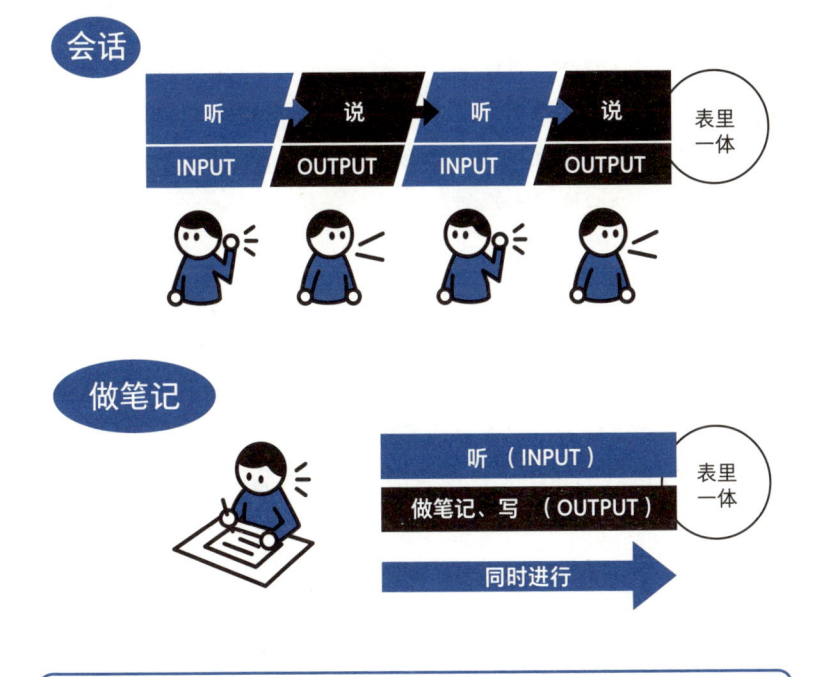

会话

| 听 | 说 | 听 | 说 | 表里一体 |
| INPUT | OUTPUT | INPUT | OUTPUT | |

做笔记

听（INPUT）
做笔记、写（OUTPUT）
表里一体
同时进行

> 有意识地进行同时处理，而不是只注重某一项。

第一章　输入的基本法则 RULES

CHAPTER1 RULES

以输出为前提的输入方法1

—— 以输出为前提＝"AZ法"

有很多人说："没时间进行多次输出。"那么，有没有什么易于提高输入精度的诀窍呢？

我在《输出大全》里写过：输入之后，请在两周内输出3次以上。这样的话，输入的内容就能牢固地保存在记忆中。这是大脑的基本机制。

其实，还有一个输入的超级秘籍，能让你只输入一次就牢牢记住，而不必多次输出。这种方法就是"以输出为前提进行输入"。我把"以输出为前提"简称为"AZ法"。①

伦敦大学做过一项很有意思的研究。在记忆实验中，对其中一组说："请记住这些内容，然后要进行测验。"而对另一组说："请记住这些内容，然后你要去教别人。"

给予同样的时间让两组人员记忆之后，对其进行了同样的测验。结果，被告知"要去教别人"的那组的得分更高，尽管最终并没有真的去教别人。

"测验"和"教别人"都属于输出，但"教别人"显然是心理压力更大的输出行为。只要以心理压力大的输出为前提，即使实际上没有进行这样的输出，也能激活大脑，提高记忆力，增强学习效果。

再举一个"以输出为前提"的具体实例。比如说去国外出差。公司安排你去纽约视察，你肯定会这么想："太好了！难得出国一趟，一定要尽情地玩个痛快！"

---

① 在日语中，"アウトプット前提"（以输出为前提）的发音是Autoputto Zentei，简称"AZ"。

但如果上司对你这么说:"回来后,请你给全体员工100人开个1小时左右的视察报告会。"这样的话,恐怕你就没空光顾着玩了吧。

你会拍摄一些用于报告的照片,认真地采访有关人员,还会做笔记、收集资料。——正因为以开报告会作为前提,所以你才会有意识地去记住那些细节,而且事实上也记住了。

为什么"以输出为前提"就更容易记住呢?——这是因为,人一旦陷入心理压力的紧张状态,就会分泌出一种叫"去甲肾上腺素"的脑内物质,它能提高人的专注力、记忆力、思考力和判断力。

以输出为前提进行输入,能使你更容易记住。

以输出为前提即"AZ法"能激活大脑

出差地
要当着100人的面做报告……
做笔记
拍照

要在博客上写观后感……
电影
在心理压力的作用下分泌出去甲肾上腺素,它能提高专注力和记忆力。

以"博客或SNS的素材"为前提进行输入吧。

第一章 输入的基本法则 RULES

CHAPTER1 RULES

以输出为前提的输入方法2

——"AZ法"能使输入效果增强100倍

我问昨天去参观了美术展的人:"那个美术展怎么样?"对方回答:"非常好!"我又问:"具体好在哪里呢?"对方回答:"各个方面都很好,使我深受感动!"——两个小时的美术鉴赏,结果却只有"3秒钟"的输出量。

既然输出量与输入量是大致相当的,所以那个人的输入量其实也就只有"3秒钟"而已。

参观过美术馆回来,第二天就没有东西可输出,要再过一个月肯定会忘得一干二净。这样的输入,简直是太空虚、太薄弱了。

不过,即使是如此薄弱的输入,只要运用"AZ法"(以输出为前提),就能立刻使效果增强100倍。

在我主办的培训会"桦泽塾"里,会定期召开名为"跟桦泽一起参观美术馆"的交流会。迄今为止,已经去过"蒙克展""梵高展""勃鲁盖尔展"等六次展览会。在指定的美术展上,每位学员各自观赏作品,然后到集合时间就在美术馆的出口处碰头。会合后举行分享会,大家一起用餐,并且互相讲述各自的感想。

有一次,桦泽塾组织学员去参观了"蒙克展——共鸣灵魂之呐喊"(东京都美术馆)。在有11位成员参加的分享会上,每个人轮流讲述自己的感想。

每个人讲3~5分钟,所以区区"几句感想"竟然用了将近40分钟。而我这个主办者,则讲了15分钟关于"蒙克精神医学"的话题。

为什么桦泽塾的学员能讲5分钟之久呢?这是因为他们经常有

意识地运用"AZ法"。当天也是如此——他们事先被告知,要在分享会上发表自己的感想。

所以,他们在观赏绘画作品时,是处于一种轻度压力之中:"等一下要在分享会上发表感想,我必须找到一些独特的视角才行。"

不是茫然地观看,而是带着"我要找到新发现"的意识,在高度专注力的状态下观赏作品。这样的话,就能获得"巨大的信息量"和"新发现"。在分享会上,每个学员都能滔滔不绝地讲述自己的感想,没有谁只讲一分钟就无话可说的。可见,"AZ法"对所有学员都产生了效果。

5分钟即300秒,是3秒的100倍。也就是说,比起"茫然观看""漫不经心地看",有意识地运用"AZ法"(以输出为前提)能使输入量增加100倍。

输入量会随着是否有设定目标而变化

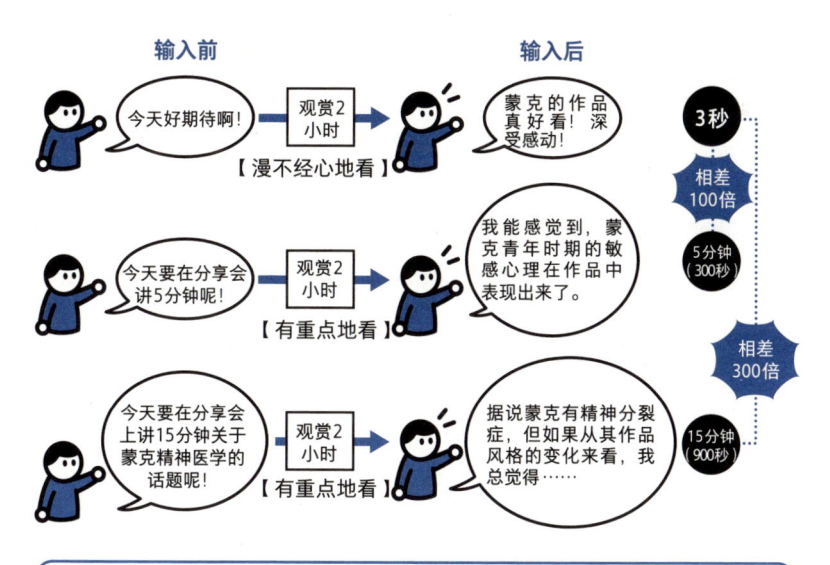

输入前		输入后	
今天好期待啊!	观赏2小时【漫不经心地看】	蒙克的作品真好看!深受感动!	3秒
今天要在分享会讲5分钟呢!	观赏2小时【有重点地看】	我能感觉到,蒙克青年时期的敏感心理在作品中表现出来了。	相差100倍 / 5分钟(300秒)
今天要在分享会上讲15分钟关于蒙克精神医学的话题呢!	观赏2小时【有重点地看】	据说蒙克有精神分裂症,但如果从其作品风格的变化来看,我总觉得……	相差300倍 / 15分钟(900秒)

> 欣赏艺术作品之后,一定要在SNS上分享自己的感想。

CHAPTER1 RULES

只收集必要信息的方法1

——自动筛选对自己重要的信息

请举出你最感兴趣、最关注的三件事物。

如果你能立刻回答出这个问题,说明你已经打开了兴趣和关注点的接收天线。可以说,你已经很善于运用输入方法了。

如果你想了10秒钟以上才回答的话,就说明你可能还处于"竹篮打水"的世界。

对我来说,最感兴趣、最关注的是"精神医学""心理学""脑科学"这三个主题。

每天,网上充斥着不计其数的新闻。我对"艺人八卦"或"经济动向"等内容视而不见,但一出现关于"精神医学""心理学""脑科学"的新闻报道,我的目光就会立刻被吸引过去。

走进书店,在排列得密密麻麻的好几千本书里头,我也能马上找到"精神医学""心理学""脑科学"方面的新书。这是因为,我头脑中已经打开了兴趣和关注点的接收天线。

即使在宴会会场之类的嘈杂环境中,我们也能自然而然地听到自己的名字或自己感兴趣的关键词——这种现象叫作"鸡尾酒会

鸡尾酒会效应

即使在嘈杂环境中也能听到自己的名字

效应"。

为什么在嘈杂环境中也能对自己感兴趣的关键词产生反应呢？这是因为我们大脑中有一个名为"选择性关注"的过滤器。

所谓"选择性关注"，就是我们会选择性地关注自己感兴趣的信息，并优先地把它保存于短期记忆或长期记忆里。考虑到"选择性关注"这个词有点难懂，我在书中改用另一个表述——"兴趣和关注点的接收天线"。

你只要打开"兴趣和关注点的接收天线"，大脑就会从大量涌现的信息中自动筛选出自己需要的信息。

打开"兴趣和关注点的接收天线"

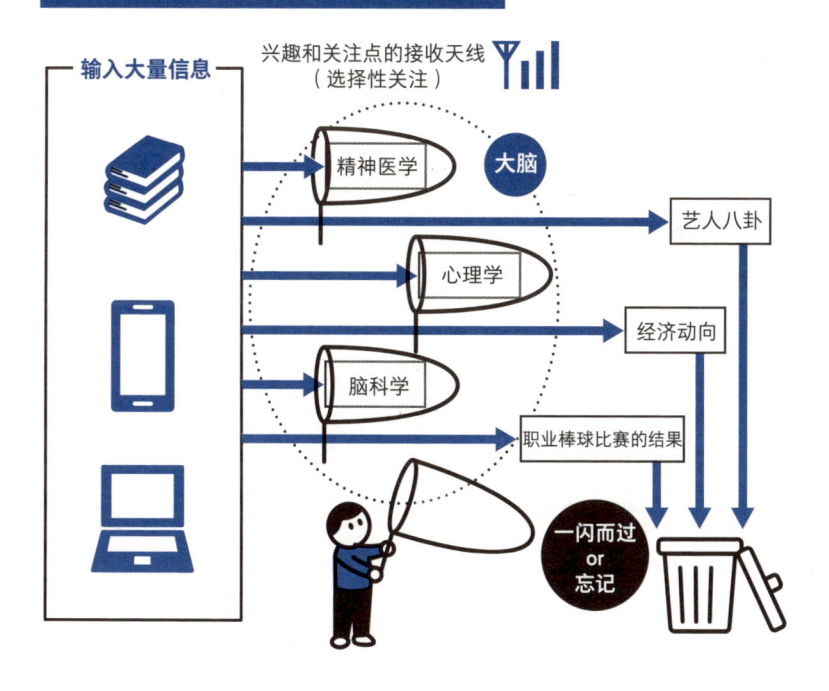

- 输入大量信息
- 兴趣和关注点的接收天线（选择性关注）
- 大脑：精神医学、心理学、脑科学
- 艺人八卦、经济动向、职业棒球比赛的结果 → 一闪而过 or 忘记

> 努力做到能列举出自己感兴趣或关注的3个领域。

只收集必要信息的方法2

——用"自问自答"和"AZ法"提高敏感度

只要打开"兴趣和关注点的接收天线",大脑就会自动收集自己需要的信息。那么,具体要怎么做才能打开"兴趣和关注点的接收天线"呢?我在这里介绍4种方法。

(1)写出自己感兴趣、自己关注的关键词

就以我为例吧。除了"精神医学""心理学""脑科学"以外,我还会关注"预防""运动""睡眠""AI时代""威士忌""电影""美食"等主题。我把这些关键词全都写出来,做成一览表,随时看看。

只要把关键词视觉化,就能迅速地打开"兴趣和关注点的接收天线"。关于这个"关键词视觉化"的具体方法,我会在后面进行详细解说。

(2)明确目的和主题

只要先设定目标,明确自己想通过输入学到什么,就能使相关的信息优先进入大脑,从而实现目标。

比方说,我去看蒙克展之前,会先设定课题:"蒙克画《呐喊》时的精神状态是怎样的?蒙克真的患有精神病吗?"然后再观看美术展。这样的话,与课题相关的部分自然就会成为吸引我视线的重点。

(3)自己向自己提问

"提问"可以说是最简单的打开"天线"之法。

例如问自己："我的缺点是什么？"如果回答："是不善于沟通。"那么，"有没有改善沟通能力的方法呢？"——这样就已经打开了"天线"。

大脑被"提问"时，会努力去寻找"答案"。

（4）以输出为前提

"读完这本书之后，要在博客上写读后感。"→"努力寻找适合用来写博客的素材。"

"看过蒙克展之后，要讲5分钟感想。"→"努力从绘画作品中寻找独特的视点。"

只要有意识地运用"AZ法"，大脑就会切换为信息收集模式，努力收集那些"在输出时能拿得出手的信息"。也就是说，"AZ法"可谓是打开"兴趣和关注点的接收天线"的终极之法。

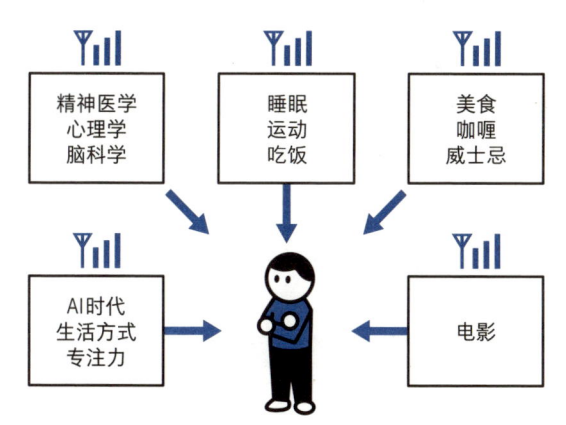

自己向自己提问，以明确"天线"的方向。

利用大脑机制，提高记忆力

——伴随着喜怒哀乐的事情会鲜明地保留在记忆中

一个月前的今天，你在哪里、和谁一起、吃了顿怎样的饭？——我想，应该没有人能立刻回答出来。

那么，去年除夕之夜，你和谁一起、在哪里、吃了什么呢？——这个问题应该能回答出来吧。

一个月前的事情记不住，更早以前的事情却记得很清楚，这是为什么呢？这是因为，当时你很开心。

我说过："输入之后如果不在两周内输出3次以上，就很容易忘记。"但其实也有例外。

如果是情感受到刺激、伴随着喜怒哀乐的记忆，即使不输出、不复习，也会无比鲜明地保留在记忆中。

学校的课本，读一遍根本记不住；而喜欢的漫画书嘛，同样只看过一遍，多年之后却仍然清楚地记得其中的故事情节。这是不是很神奇？

喜怒哀乐能增强记忆

脑内物质	情感	实例
肾上腺素	害怕、生气	看过恐怖片之后，那种恐惧感久久难忘
去甲肾上腺素	悲伤、紧张、不安	爱犬死去，过了1年后还记得那种悲伤
多巴胺	快乐、高兴	20年前的婚礼，至今仍然记得很多细节
内啡肽	感谢、快乐	高中时在全县运动会上获得冠军，至今仍历历在目
脑下垂体后叶荷尔蒙	爱、亲切	时隔多年仍然记得从前的恋人

我30多年前看过《北斗神拳》这部漫画。虽然只看过一遍，但至今仍然对故事情节记得很清楚。这是因为，当年看《北斗神拳》时，我感到快乐、兴奋、热血沸腾、怦然心动……毫无疑问，是多巴胺、肾上腺素等脑内物质起了作用。

肾上腺素、去甲肾上腺素、多巴胺、内啡肽、脑下垂体后叶荷尔蒙……这些伴随着喜怒哀乐而分泌出的脑内物质，具有增强记忆的作用。

时隔多年之后还清楚地记得婚礼的情形，是因为当时分泌出了多巴胺这种"幸福物质"；看恐怖电影之后会一直记得那种恐惧感，是因为恐惧和不安而分泌出了肾上腺素、去甲肾上腺素。

情感受到刺激、伴随着喜怒哀乐的事情，会鲜明地保留在记忆中。下面就介绍7个利用这一大脑机制的"刺激情感的输出方法"。

刺激情感的输出方法

① 利用故事情节（阅读改编成漫画或小说的商务书籍）。
② 注重好奇心。学习令自己感到期待的事情。
③ 把书买回来就马上看。趁着很想看的时候马上看。
④ 觉得不明白时就立刻检索。
⑤ 在大型舞台上演讲（因为"紧张""兴奋""教别人"而增强记忆）。
⑥ 看电影、欣赏美术作品等，把"学习"和"感动"联系起来。
⑦ 从旅行（紧张、兴奋、感动）中学习。

在好奇心的驱动下挑战新事物。

第一章 输入的基本法则 RULES

THE POWER OF
INPUT

第二章

科学记忆的读书法

READ

01 读书

—— 读书是学习的第一步

下面是一段实际发生过的对话。

A君："我想出20万日元报名参加一个为期3个月的心理学讲座，可以吗？"

桦泽："你之前读过哪些心理学方面的书呢？"

A君："心理学的书我一本也没读过，但我早就想过要好好地学一下心理学。"

桦泽："那你不妨先找一本心理学的书来读读。"

连一本心理学的书都没读过，就贸然地报名参加昂贵的心理学讲座，结果很可能会觉得"跟自己想学的心理学不一样"或"太难了，跟不上"，甚至会有一种上当受骗的感觉。20万日元全打了水漂儿，赔了时间又花钱。

我觉得，还是要先读几本书，学习心理学的基础知识，其间如果对某个方面特别感兴趣，比如说"很想深入学习阿德勒心理学"，那么这时再花钱去参加讲座或研讨会，进一步深入学习。

学习是分阶段的。按照阶段有序前进则输入效率高；但如果一上来就好高骛远，输入效率就会很差。不仅学不到东西，还会白白浪费时间和金钱。

以学英语会话为例。首先，读几本关于英语会话的书。然后，利用手机上的英语会话语音APP或YouTube的英语会话频道学习。最后，到英语会话学校参加集体授课。能说上几句了，再去接受英语会话一对一的辅导。——按这样逐步提升就很好。

如果你连"apple苹果"的意思都不知道,就去接受每课时1万日元的个人辅导,那么还没学到英语会话实践而课时早就用完了。太浪费了。

不按阶段学习的话,只会浪费时间和金钱,根本得不到成长。走了弯路,多做了无用功。只有充分地把握"学习阶段",按部就班地学习,才能以最短时间、最快速度、良好的性价比实现自我成长。

综上所述,"读书"是学习的第一步。本章就先来讲一下关于"阅读"的输入方法。

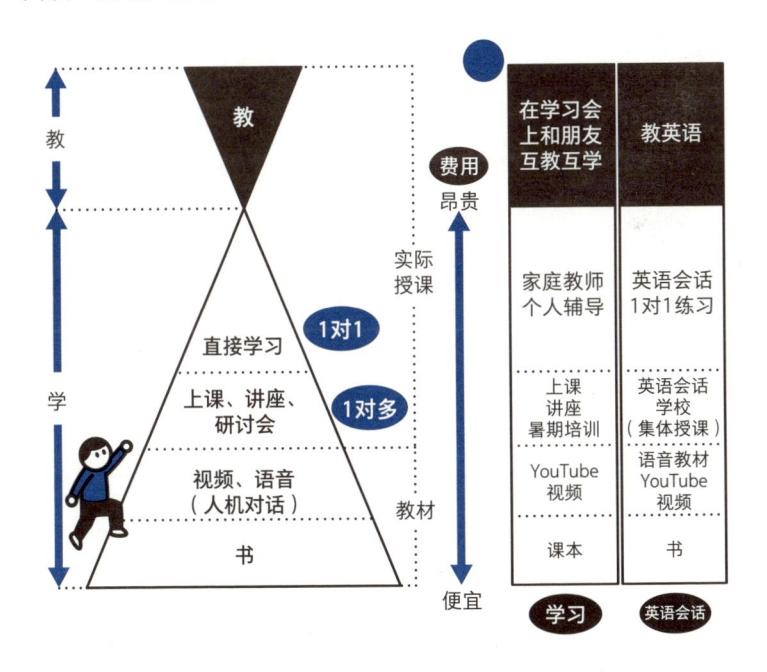

	在学习会上和朋友互教互学	教英语
	家庭教师 个人辅导	英语会话 1对1练习
	上课 讲座 暑期培训	英语会话学校(集体授课)
	YouTube 视频	语音教材 YouTube 视频
	课本	书
	学习	英语会话

教 / 学:
- 教
- 直接学习（1对1）
- 上课、讲座、研讨会（1对多）
- 视频、语音（人机对话）
- 书

费用：昂贵 ←→ 便宜
实际授课 / 教材

> 如果想学什么的话,就先买1本书来看看吧。

02 每月读3本书

——"每月读10本"不如"每月读3本+输出"

每次提到读书,就肯定有人会问"每月读多少本书为好"这种关于阅读量的问题。

那么,问题来了:每月读10本书而完全没有输出,和每月读3本书并且对这3本书进行输出——哪种人能得到成长呢?

不进行输出,就记不住。过个一年半载就几乎全忘掉了。这样就失去了阅读的意义。只输入而不输出的读书法,即便读10本、100本都没有任何作用。——不,应该说有"副作用",因为浪费了很多时间和金钱。

自从《输出大全》出版之后,提倡输出之重要性的书逐渐多了起来。不过,强调"速读""多读"等输入"量"的书却依然源源不断地出版,而且还有很多读者趋之若鹜。

如果能把输入和输出充分结合起来,做到"速读+输出""多读+输出",做到表里一体,那固然很好。可是,每月要读10本书,还要对这10本书进行输出——对于工作繁忙的商务人士来说,应该很

哪种人能得到成长呢?

每月读3本书并且对这3本书进行输出
"那本书很有趣!内容是这样的……"
→ 加速自我成长

每月读10本书但却完全没有输出
"……"
→ 输入徒劳无益

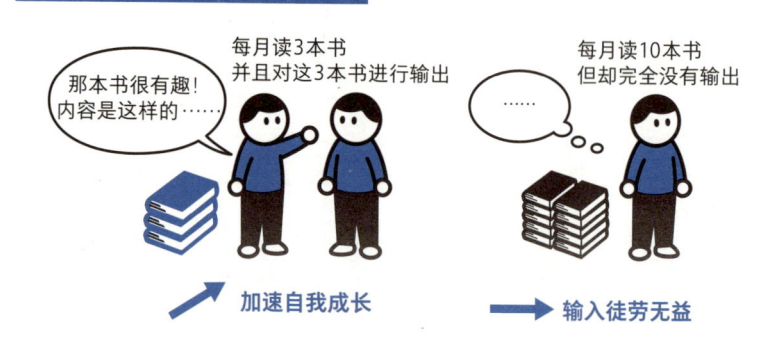

难做到。

所以，每次读完一本书就要认真地进行输出。先写"启发"和"TO DO"；写下自己的感想；把书的内容告诉家人、同事或部下、朋友；对"TO DO"或书中的内容进行实践；如果有机会的话就教给别人……通过这一系列输出，你就能掌握书中的内容。

掌握到一定程度之后，就可以读下一本书了。如果每读完一本书都要进行这么高强度的输出，那么一个月读10本肯定吃不消。所以，我希望你每个月认认真真地读完3本即可。

不要接二连三地读，而是每读完一本书后，只有进行输出，才能充分掌握。掌握到一定程度之后，再读下一本书。只有把"输入"和"输出"结合起来，才能真正发挥效果。

读完一本书之后一定要输出

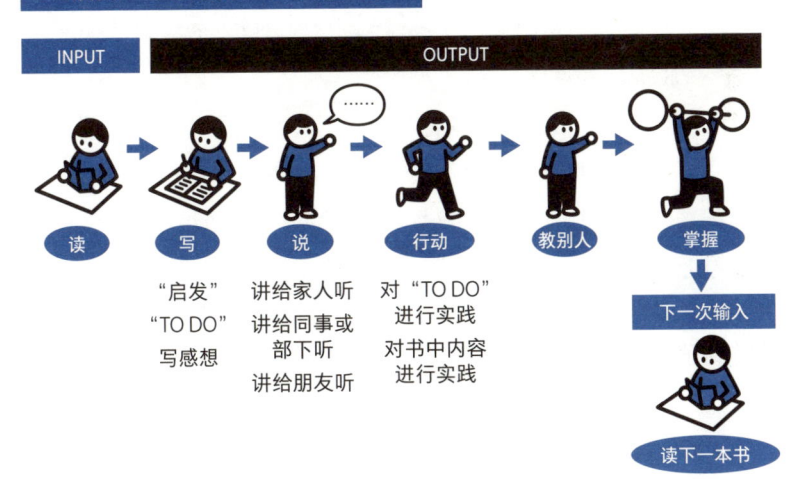

INPUT	OUTPUT				
读	写	说	行动	教别人	掌握
	"启发""TO DO"写感想	讲给家人听 讲给同事或部下听 讲给朋友听	对"TO DO"进行实践 对书中内容进行实践		↓ 下一次输入 ↓ 读下一本书

为了输出读后感，不妨去注册一个SNS号。

03 深入阅读

——以输出为前提,加快"深读"的速度

我经常碰到一些自诩会"速读"的人。可是当我问他:"最近读了什么书?这本书好在哪里?能否说一下这本书的要点?"对方立刻就哑口无言了。

读完书却连一分钟的感想都说不出来,那还能算"读书"吗?这种过目即忘的阅读法,正是所谓的"竹篮打水式"输入。

我不主张"速读"和"多读"。这种"竹篮打水式"读书法,对内容不求甚解,连感想也说不出来(不能输出),就算读了100本书,也无法实现自我成长。

你的目标,究竟是"自我满足"还是"自我成长"呢?

最关键的不在于"读得多快""读了多少",而在于"深入阅读"——我美其名曰"深读"。

我对"深读"的定义是这样的:阅读一本书,能达到"就其内容进行讨论的水平"。能用10分钟把这本书的内容讲给别人听,或者在聚餐时以这本书为话题讲上10~20分钟,调动气氛——那就算达到了"能进行讨论的水平"。

换言之,如果能就这本书的内容"进行充分的输出",那就说明做到了"深读"。比如说,读完一本书,如果能把读后感写到博客上。

以10%的深度阅读10本书,或者以50%的深度阅读3本书,哪种人的输入量更多呢?——即使读书量较少,但只要每一本都认认真真地进行"深读",最后的总输入量还是会更多,更能促进自我成长。

要做到"深读",最好是"以输出为前提"进行阅读。而且在读完之后,要真的进行输出。仅此而已。把读后感认真地写成文章。等写完20多本书的读后感时，你对于读书方法肯定已经颇有心得了。

我们先不要追求"速读·多读"，而要追求"深读"。其实，我并非完全否定"速读·多读"。能做到"深读"的人，再追求"速读·多读"，这样效果会更好。事实上，我也在实践"深读"ד速读·多读"的方法，经常用15分钟读完一本书，有时一个月能读完20多本书。

对高尔夫一窍不通的人，即使跑100圈球场也无法提高水平，反而会使自己的坏习惯根深蒂固。但如果一开始先接受专业辅导，学会了基本要领之后，再去球场练个五六次，肯定就能取得很大进步。

读书也一样，首先要掌握读书的基本要领——"深入阅读（深读）"。然后，再追求"数量"和"速度"。

速读·多读 VS 深读

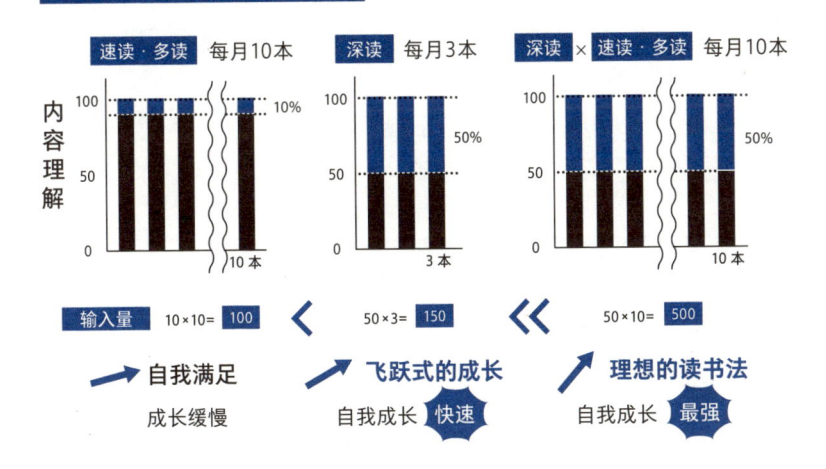

速读·多读 每月10本	深读 每月3本	深读 × 速读·多读 每月10本
内容理解 10%	50%	50%
输入量 10×10= 100	50×3= 150	50×10= 500
→ 自我满足	→ 飞跃式的成长	→ 理想的读书法
成长缓慢	自我成长 快速	自我成长 最强

首先掌握"深读"！然后再追求"速读·多读"。

第二章 科学记忆的读书法 READ

CHAPTER2 READ

04 以写读后感为前提进行阅读
—— 达到"能向别人讲述的水平"

只要坚持每读完一本书就写读后感，就能加强深入阅读的能力。**培养"深读"能力的绝佳训练方法就是写读后感。**

只要以"写读后感"为前提进行阅读，就能从书中获取大量信息。"写感想时可以引用这一段！""这个部分使我深受启发！"……因为读完后要向别人讲述，所以不得不收集信息。这样一来，自己就会读得更仔细，相当于打开了"接收天线"。

很多人读书只是处于"自己能明白就行"的水平。这么似懂非懂地一直往下读，结果往往就读得很肤浅。

只有以写读后感为前提进行阅读，才能达到"向别人讲述的水平"。 想象着完成后的文章，在阅读过程中寻找适用于"讲述"或"教别人"的材料。如果读得很肤浅的话，是无法做到"讲述"或"教别人"的，所以自然会读得比较深入。

"阅读"（INPUT）和"写读后感"（OUTPUT）是表里一体的。只读不写会很快忘记。读后还要写，才能保存在记忆中。

以写读后感为前提，阅读方法自然会发生变化

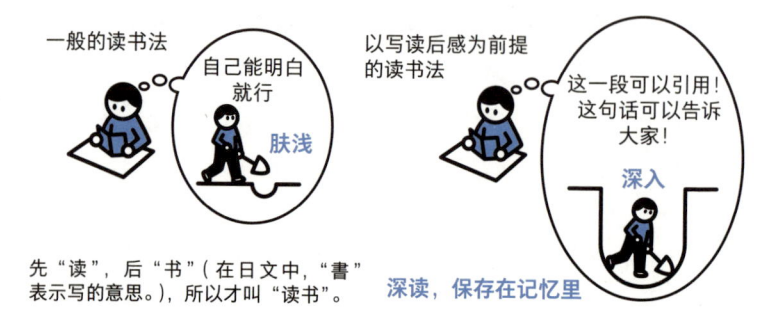

一般的读书法
自己能明白就行
肤浅

以写读后感为前提的读书法
这一段可以引用！这句话可以告诉大家！
深入

先"读"，后"书"（在日文中，"書"表示写的意思。），所以才叫"读书"。

深读，保存在记忆里

经常有人表示"写不出读后感"。这说明他读得很肤浅，没能理解书的内容。

读后感应该写在SNS或博客等别人看得到的媒介上。这样的话会有压力，使大脑分泌出去甲肾上腺素。去甲肾上腺素能够提高专注力和记忆力。正因为有责任感和压力，所以才能加速自我成长。

读书是表里一体的

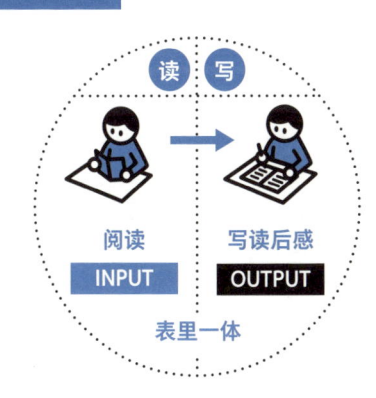

读 / 写

阅读 INPUT　写读后感 OUTPUT

表里一体

以写读后感为前提进行阅读的具体做法

❶ 觉得重要的地方，马上画下画线。

❷ 想过后再重读或想引用的地方，贴上便签纸。

❸ 有什么启发或引申出什么想法，随时记下来。

❹ 选出这本书里的"最佳名句"。

❺ 写下这本书的"最大启发"。

❻ 写出想从今天开始实践的"要做的事"。

❼ 读完一本书，一定要写读后感，哪怕是短文也好。

> 想象着要写暑期读书报告，以这样的心态来认真阅读。

05 选择书

——提高遇到"全垒打式好书"的概率

从某种意义上来说,选择书比"阅读方法"更重要。这是因为,即使能做到"深读",吸收书的深层部分,但如果这本书原本就没什么内容或是充斥着很多自己不需要的知识,那么也是无法促进自我成长的。

"金钱"和"时间"都是有限的,如果接二连三地买到1500日元的"三振出局式鸡肋书",那么在金钱方面甚至精神方面都难免会受到打击。辨别"三振出局式鸡肋书",提高遇到"全垒打式好书"的概率,就能在短期内实现飞跃成长。为此,必须提高"选书"的能力。

首先,应该到书店看实物进行选择。只要随便翻看一下目录和整本书,就能马上判断出这是不是"自己需要的书"。在网上买书的话,因为无法确认细节部分,所以买到"三振出局式鸡肋书"的概率会比较高。

考虑到书的选择方法有很多讲究,我用表格整理了一套"不会

选择书的基本原则:减少"三振出局式鸡肋书",提高"全垒打式好书"的概率

全垒打式好书	· 使自己深受启发 · 有很多自己想了解的知识 · 内容非常充实 · 能加速实现自我成长 · 有时甚至能改变自己的人生
三振出局式鸡肋书	· 几乎得不到什么启发 · 几乎没有自己想了解的知识 · 内容非常浅薄 · 对自我成长没有任何促进作用

选错书的方法"。其中，我最想推荐给新手读者的是"4.推荐读书法"。新手的读书经验少，很难辨别自己需要的书。所以，最好从资深读者或专家推荐的"全垒打式好书"开始读。他们推荐的某本书，往往是从读过的几十本当中精挑细选出来的。

其实，"全垒打式好书"和"三振出局式鸡肋书"并没有绝对的标准。别人心目中的"全垒打式好书"，对于自己来说却有可能是"三振出局式鸡肋书"。我们一定要培养选择自己的"全垒打式好书"的能力。

不会选错书的方法 大家可以参考拙著《过目不忘的读书法》。我把此书第5章"精神科医生的选书方法"的要点概括整理成下表。

1	**全垒打式读书法** 寻找能促进自己飞跃成长的"全垒打式好书"	**6**	**专业书读书法** 专业书要到大型书店选购
问自己："这本书会改变我的一生吗？"如果肯定不是的话，那它的优先次序就很低。必须有意识地去寻找"全垒打式好书"，否则是很难遇到的。		"淳久堂书店"之类的大型书店网罗了各种书籍，在这里找到"自己真正需要的书"的概率会大很多。特别是专业书。	
2	**守破离读书法** 阅读符合自己目前水平的书	**7**	**网上书店读书法** 参考网上书店的推荐功能和评价
新手阅读艰涩的专业书，高手阅读浅显的入门书，都是毫无意义的。不过，越是新手却越想读专业书，结果往往没读完就放弃了。		据说Amazon的推荐功能采用了世界最高水平的AI技术。其精度极高，所以上面"推荐"的书很有可能正是自己需要的。	
3	**入门读书法** 首先从"入门书"开始学起	**8**	**意外发现读书法** 重视偶然的相遇
通过入门书了解该领域的整体概况。然后，从第2本开始就能读得更快，读得更深入。		这是适合资深读者的选书方法。世上不存在所谓的"偶然"，之所以遇到这本书，一定有其意义。偶然遇到的某本书，说不定就是能把你带出"舒适区"的使者。	
4	**推荐读书法** 阅读别人推荐的书	**9**	**直觉读书法** 相信直觉，遵从直觉
资深读者推荐的某本书，往往是从他读过的几十本当中精挑细选出来的。所以，遇到"全垒打式好书"的概率要比自己选择时高得多。		这也是适合资深读者的选书方法。资深读者不必左思右想，只需凭"直觉"选择即可。而读书量少的人"经验值"很低，所以凭直觉选择的话往往会选错。	
5	**自我中心读书法** 不依赖畅销书单或排行榜	**10**	**串联读书法** 从一本书不断地延伸向多本书
"那本书对我有用吗？"对别人有用的书，却对自己毫无用处，这样的情况很常见。所以要多问：那本畅销书是自己真正需要的书吗？		对于写毕业论文、学术论文、科学文章的人来说，这是必需之法，是深入了解和探究某个领域所必需的读书法。	

请你尊敬的上司或朋友给你"推荐"一本书吧。

06 做个中立的读者

——不抱成见、保持"纯粹"很重要

输入信息时,保持中立很重要。也就是说,不要戴着有色眼镜进行输入。一旦戴上有色眼镜,就只能接收到偏颇的信息。

"中立地进行输入",其反面是"抱有成见地进行输入"。

"中立"一词也可换成"纯粹"。总之,要摒弃自己的成见,消除固执之心,保持一种纯粹的状态,不能仅凭个人喜好而输入信息。这样的话,才能遇到自己真正需要的信息。

很多人做不到这一点,这要归罪于"确认偏误"(Confirmation Bias)。——验证某个假设或观点时,只收集对其有利的信息,而忽略或故意不收集不利的信息,这种倾向在心理学上被称为"确认偏误"。

老年人容易上电话诈骗的当,正是因为"确认偏误"。他们往往觉得"自己不会被骗",所以在电话交谈中就会忽略掉一些可疑的细节信息。

举个例子,你想从书上了解"最低收入保障制度",但如果你

开始读书之前,大脑要保持一种"白纸"状态

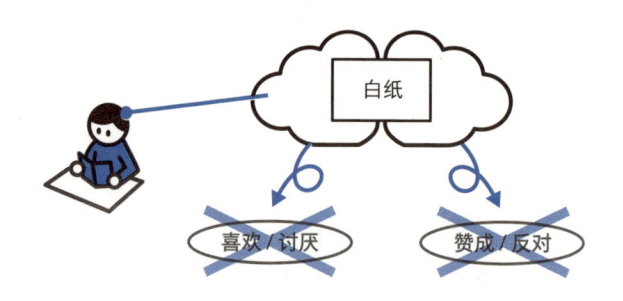

抱着"实施最低收入保障制度会导致好吃懒做的人增加"的成见去看书，那就只能看见它的缺点。有失偏颇的输入，只能产生错误的判断和想法。

开始读书之前，应当摒弃自己先入为主的观点和判断，回归到一张白纸的纯粹状态下进行阅读。等读完书之后再作判断。

先入为主会妨碍中立

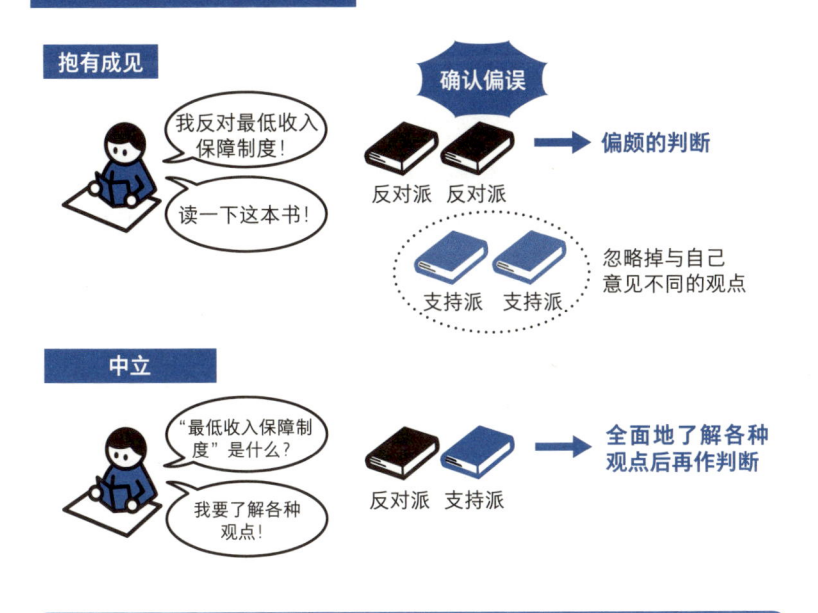

抱有成见

确认偏误

我反对最低收入保障制度！
读一下这本书！

反对派 反对派 → **偏颇的判断**

支持派 支持派

忽略掉与自己意见不同的观点

中立

"最低收入保障制度"是什么？
我要了解各种观点！

反对派 支持派 → **全面地了解各种观点后再作判断**

> 不妨找一些可能与自己的观点相反的书来看。

07 均衡地阅读

——防止信息偏差的"3点阅读法"

一旦抱有成见或偏见，就会因为"确认偏误"而不知不觉地进行偏颇的输入。可自己却意识不到，这是非常可怕的。为了避免出现这种情况，必须平衡地读书、平衡地输入。

我推荐一种平衡的输入方法——"3点阅读法"。比如说，你想了解"低糖饮食"的话，可以找"低糖饮食支持派""低糖饮食反对派""中立派"所写的3本书来读读看。

这样，就能了解低糖饮食的好处和坏处两个方面，而且信息也会归纳得比较清楚，从而减少信息偏差。

如果没空读3本书，也可以采用"2点阅读法"——只读"支持派"和"反对派"的2本书。这样也能明确地了解其优点和缺点、好处和坏处，作出接近正确的判断。

不仅读书如此，每当要作出重要的判断或决断时，也请务必采用"3点输入法"。比如说，当你想从公司辞职而自己创业的时候，如果跟家人商量，估计百分之百会遭到反对。于是，你感到灰心失望，打消了创业的念头。

3点阅读法

重心

读书要像找到三角形的重心一样，保持平衡

中立

支持派   反对派

哪个是正确的?

然而，毫无创业经验的家人的意见，难免会有失偏颇。所以，你还需要听取一下"创业成功人士"以及"创业失败人士"的意见。这样的话，才能明确地了解创业的好处和坏处。

输入信息时应该保持中立。请从3处不同的信息源进行输入，并注意保持平衡。

3点输入法

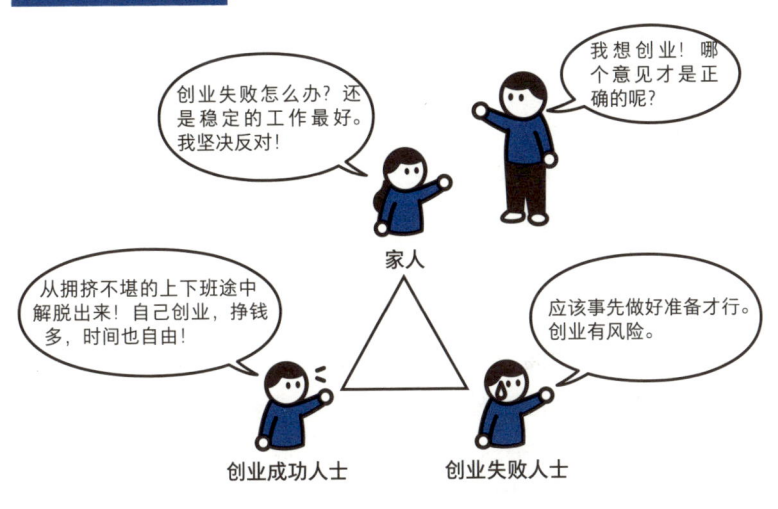

我想创业！哪个意见才是正确的呢？

创业失败怎么办？还是稳定的工作最好。我坚决反对！

家人

从拥挤不堪的上下班途中解脱出来！自己创业，挣钱多，时间也自由！

应该事先做好准备才行。创业有风险。

创业成功人士　　创业失败人士

从立场不同的3个人那里听取意见

> 收集信息时，要意识到好处和坏处这两个方面。

08 高效阅读

——先用"哗啦哗啦翻看法"(快速"翻看")把握这本书的整体内容

你是否有过这种经历:把书买回来后,干劲十足地从第1页开始读,结果读到第2章时就已经耗尽力气,最后半途而废……

又或者,慢慢地往下读,本来没什么问题,但过了一个月后,书还没读完,书的开头讲了什么都已经忘掉了……

也许有很多人认为:"读书嘛,当然要从第1页开始读。"这种读书方法,用来看小说固然没问题,但如果用来看商务书籍或实用书籍的话,效率就太低了。

我买来书后,会先看目录,选择自己想了解的内容或感兴趣的主题,然后再阅读相应部分。

而且,我还会先快速地翻一遍,看看要点。这样,只需要10~15分钟,就能把握这本书的"大致内容"和"我最想了解的内容"。我把这称为"哗啦哗啦翻看法"。

"哗啦哗啦翻看"之后,再回到第1页,慢慢地往下读。这时,我已经把握了这本书的结构和内容,所以能够读得比原来深入得

书的设计图

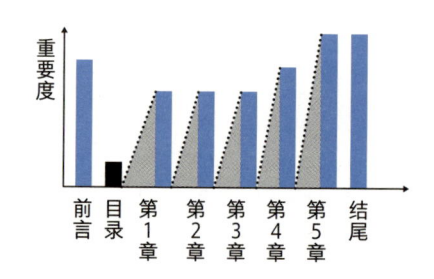

- 书的要点会写在"各章的末尾""前言""结尾"部分
- 书的后半部分写有要点(即结论)
- 只要快速翻看一下这些要点,就能把握整本书90%的内容

多，而且读书速度也能加快1倍。大致来说，只需用"哗啦哗啦翻看法"，就能使阅读深度加深1倍，阅读速度加快1倍。

一旦养成"哗啦哗啦翻看"的习惯，就不必再担心书没读完就束之高阁了。

先把握整体，再细读部分。从"整体"到"部分"的理解过程，与大脑机制相吻合，所以更容易记住。

哗啦哗啦翻看法

1 明确自己买这本书的目的。

（我想了解啤酒的历史）
《啤酒大全》

2 看目录，选择自己感兴趣的3项内容。

目录
· 啤酒的词源
· 啤酒和产业革命
· 在日本的普及情况

3 哗啦哗啦地快速翻看，寻找1和2的内容。

· 美索不达米亚
· 啤酒花
· 巴斯德
· 明治时代

4 留意各章末尾的"小结"部分，由此把握整本书的内容。

小结

> 了解书的"设计图"，养成从重要部分开始阅读的习惯。

第二章　科学记忆的读书法 READ

09 为解决问题而读书

——大家所不知道的读书的第3个作用

读书的目的，在于"学习"和"自我成长"。不过，读书还有一个不为人所知的"重要作用"——帮助你解决"问题"和消除"烦恼"。

我每个月都会收到几百封"倾诉烦恼"和"咨询问题"的邮件。其中50%的问题，在我出版过的书中都有答案；剩下的45%，也可以在其他各种书中找到答案；仅剩的5%无法从书中找到解决办法的棘手问题，我在YouTube视频里进行详细解答。

世间的烦恼，有95%以上可以通过读书找到"解决办法"。你只要付诸实践，问题就会逐渐得到解决。

举个例子，假设你因为和上司关系紧张而感到苦恼。这时，你不妨去大型书店看看。那里摆放着好几十本关于改善人际关系的书，你可以买一本最符合当前自身状况的书来看。书中写着多个解决办法或处理方法，你只需要一个个地付诸实践。

如果说你之前的人际关系是"-100分"，实践改善方法之后，就算不能一下子变成"0分"，也能上升到"-70分"或"-50分"的状态。这一点改善，就能使心情变得舒畅很多。

如果不知道该如何应对，又不从书中寻找解决办法，就这么置之不理的话，再过几个月，人际关系仍然在"-100分"原地踏步——不，甚至有可能继续恶化，变成"-200分"。说不定，你会因为这种压力而患上抑郁症，或者因为不堪忍受而辞职。

所以，当你感到有"烦恼"或"压力"的时候，不妨先尝试着从"书"中寻找解决办法或处理方法。知道如何解决或处理之后，接下来只需付诸实践，就能使自己的心情变得轻松起来。

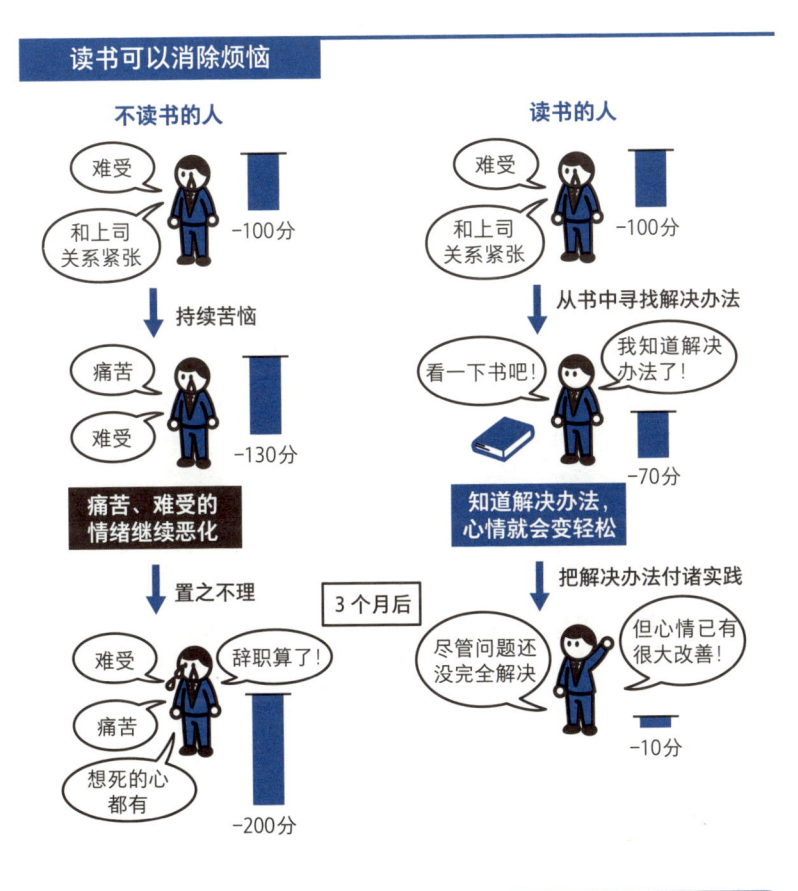

读书可以消除烦恼

不读书的人

难受
和上司关系紧张
−100分

↓ 持续苦恼

痛苦
难受
−130分

痛苦、难受的情绪继续恶化

↓ 置之不理

难受
痛苦
想死的心都有
辞职算了！
−200分

读书的人

难受
和上司关系紧张
−100分

↓ 从书中寻找解决办法

看一下书吧！
我知道解决办法了！
−70分

知道解决办法，心情就会变轻松

↓ 把解决办法付诸实践（3个月后）

尽管问题还没完全解决
但心情已有很大改善！
−10分

> 去书店寻找能消除当前烦恼的书吧。

第二章　科学记忆的读书法 READ

10 读小说

——"娱乐"之中有很多意想不到的好处

有人问我:"读商务书籍可以促进自我成长,这个我明白。可是,读小说也有好处吗?"除了"消遣""娱乐"之外,读小说还有别的好处吗?答案是:有很多意想不到的好处。

下面就为大家讲解一下读小说的7大好处。

(1)对书产生兴趣

我读高中时,偶然看了栗本薰的英雄奇幻小说《豹头王传说》,体会到"书的乐趣",又如饥似渴地读了科幻、奇幻、恐怖等各种小说。上大学后,才开始读历史、宗教、美国文化等艰涩的书。

后来,我萌生了自己写书的想法,几十年后开始从事写作。而这一切的开端,正是因为我通过读"小说"而对书产生了兴趣。

我觉得,不喜欢阅读的人可以先从"小说"着手。

(2)使人变聪明,激活大脑

据说,阅读理解能力与"智力高低"和"工作记忆"密切相关。此外,有研究表明:让孩子读书能提高他的算术成绩;有阅读习惯的老年人不容易罹患阿尔兹海默症。通过读书培养阅读理解能力,可以使人变得更聪明,激活大脑。

(3)培养同感力

某研究结果显示:"经常读小说的人,在同感力的课题中得分较高。""读完文学作品之后,能提高同感力。"因为,我们读小说时会把情感代入主人公身上,所以能锻炼同感力。

（4）增强创造性

小说是文字，所以必须在头脑中想象其情景，才能理解故事情节。也就是说，读小说要运用想象力。这可以锻炼人的创造性。而创造性是AI时代必需的能力。

（5）缓解压力

有研究表明：只要阅读6分钟，就能减轻70%的压力，读书的放松效果比散步和听音乐更好。读书具有良好的放松和释放压力的效果。

（6）模拟体验别人的人生

通过读小说，可以模拟体验别人的人生。看10部小说，就能模拟体验10种不同的人生。我们不必亲自经历失败，而是从主人公的失败体验中学到很多东西。

（7）愉悦心情，充实人生

读小说是件很快乐的事。只需花1000多日元，就能使人如此感动、如此快乐，这样的娱乐手段恐怕并不多见吧。小说，使我们的人生变得更加充实。

读小说有很多好处

- 对书产生兴趣
- 激活大脑
- 培养同感力
- 增强创造性
- 缓解压力
- 模拟体验
- 愉悦心情

> 除了商务书籍之外，偶尔也可以读一下小说。

11 看电子书

——可随身携带多本书，购买后能立刻查看

"纸质书"和"电子书"，用哪个更好呢？每次提到读书时，都有人问这个问题。

有很多研究对比过"纸质书"和"电子书"，结果显示：无论什么类型的书，纸质书在发挥记忆力、理解力等方面都更有优势。

读纸质书时，可以用笔在书上写字、画线，动手输出。而且，手上拿着书的触感、翻页的声音、纸张的气味还能刺激人的五感，从而增强记忆。

当然，电子书优于纸质书之处也非常多。首先是携带方便。纸质书的话，带两三本就已经觉得很麻烦；而电子书嘛，携带上千本都没问题。而且，电子书还不占地方。

至于价格方面，在大多数情况下，电子书会比纸质书便宜几成。此外，有的公司还会提供"Kindle Unlimited"之类的电子书"无限畅读"服务。对于每月读好几十本书的读者来说，电子书确实是好处多多的。

"随时可读"是电子书的一大优点。购买纸质版的某本书之后，再买电子版，以便在空闲时间随时重温——这是非常高级的学习方法。如果是自己很喜欢的小说或漫画，即便已经买了纸质书，还可以再买电子版，以便在想看的时候就随时拿出来看。

电子书的"全文检索"功能，也是纸质书绝对没有的。另外，把Kindle和手机同步连接的话，还能使用"朗读功能"，让我们在坐车时也能随时收听学习内容，可谓是一项秘籍。

就我自己而言，小说和漫画是看电子书，而商务书籍则一律是看纸质书。

至于每月只读几本书的人，不必犹豫，看纸质书就行；但如果是每月读好几十本书，或是想充分利用上下班途中或碎片时间读书的话，电子书的优点就更多了。

阅读电子书时，还可以想办法进行输出——比如说使用画线功能和笔记功能，就能增强记忆、加深理解程度。

是读电子书还是纸质书呢？不妨根据自己的阅读方式，灵活运用吧。

"纸质书"和"电子书"的对比

	纸质书	电子书
记忆效果	容易记住	不如纸质书
易读性	容易读	难读
专注度	精力集中	精力容易分散
跳着读	容易做到	难做到
翻到特定页数	可以随便翻页	很难随便翻页
在书中做笔记	可以直接在书中做笔记 提高读书效率	有笔记功能、画线功能 用惯的话就很方便
价格	按定价	比纸质书便宜几成
购买后	在网上订购之后，还要等待送货	购买之后就能马上读
携带	一次只能带几本	可以带1000本以上
保管	占地方	不占地方
朗读功能	没有	有（用手机设置）
无限畅读服务	没有	有
适合哪种读者	每月只读几本书的人	每月读几十本书的人
适合哪种类型的书	商务书籍、一般书籍	小说、漫画 法令、手册、辞典

> 纸质书的拥护者们，不妨也积极地尝试一下电子书吧。

THE POWER OF INPUT

第三章

加深学习理解的倾听方法

LISTEN

12 现场聆听

——打动人心的"非语言信息"

通过读书学习知识，固然非常重要。不过，很多人仅满足于"阅读"，就此止步不前。其实，已经形成读书习惯的人，可以继续登上一个台阶，去参加一些研讨会或讲座，直接听别人讲话——"现场聆听"。

我每月都会举办几次研讨会或讲座。很多学员都说："这是有生以来第一次参加研讨会！"善于利用"现场聆听"这种学习方式的人非常少。这是很可惜的。

听完我的研讨会之后，学员们都纷纷表示："今天真是来对了，太感动了！""学到了和书本完全不同的东西。"兴奋之状溢于言表。

"现场聆听"比"阅读"更有学习效果，这是为什么呢？

你此刻虽然在读着这本《输入大全》，但我这个作者在写本书时穿着什么样的衣服、脸上是什么表情、心情如何……你知道吗？如果不是有特异功能的话，肯定没法知道吧。

但如果参加了我的研讨会呢？——那么，谁都能一目了然地看见我穿着什么样的衣服、脸上是什么表情、心情如何。

两种交流方式

语言交流 （语言信息）	非语言交流 （非语言信息）
【语言信息】 文字信息、语言的含义	【视觉信息】 外表、表情、视线、动作、手势、服装、仪表 【听觉】 语气、强弱、大小

人的交流方式分为"语言交流"和"非语言交流"两种。

书是文字的排列，所以，无论作者如何煞费苦心，也只能向读者传达出"语言信息"。

而研讨会或讲座则可以传达出"语言信息"和"非语言信息"，所以信息量大得多。人被打动时，会分泌出多巴胺这种增强记忆力的脑内物质，从而极大地增强记忆。

因此，从未参加过研讨会或讲座的人，请你鼓起勇气，去参加一次吧。我每个月都会举办几次研讨会和讲座，欢迎感兴趣的朋友来听。活动信息详见我推送的消息。

"现场聆听"的好处

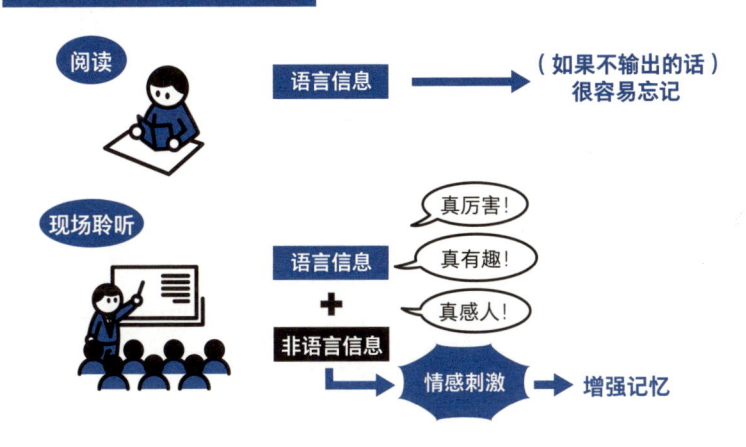

阅读 → 语言信息 →（如果不输出的话）很容易忘记

现场聆听 → 语言信息 ＋ 非语言信息 → 真厉害！真有趣！真感人！→ 情感刺激 → 增强记忆

> 如果你对哪个讲座感兴趣的话，请鼓起勇气，马上报名参加吧。

第三章　加深学习理解的倾听方法 LISTEN

13 坐在最前排听（高效倾听1）

—— 坐在"最前排"可以使学习效果最大化

我至今已经举办过几百场研讨会和讲座。根据我自身的经验，倾听方式也有"高效"和"低效"之分——或者说是"听得进"和"听不进"的区别。在同一时间，听同一场研讨会，学习效果也可能相差10倍以上。

我将讲授5个"高效倾听"的要点，这样可以使学习效果提高10倍以上。

我每周会去两三次健身房做健身操，而每次都必定会站在最前排的位置做。因为我知道，站在最前排有一种紧张感，这样可以最大限度地提高效率。

参加研讨会也一样。与其保守地坐在后面听，不如坐到前面——最好是最前排去听，这样的学习效率最高。

不愿意坐最前排，是因为怕"被突然提问回答不上来"或"被人突然递过话筒来让自己说感想"。很多人都讨厌坐在最前排，因为会紧张。然而，正因为"紧张"，才能提高学习效果。

心理学研究表明："适度的紧张能最大限度地提高学习效率。"（耶基斯·多德森定律）

在适度的紧张状态下，大脑内会分泌出去甲肾上腺素。去甲肾上腺素能提高记忆力、专注力、判断力，使大脑的工作效率和学习效率得到飞跃式的提高。

在最前排带着紧张感听课，就可以借助去甲肾上腺素的效果使学习效率最大化。而轻轻松松地坐在后面的人，听课效果则会大打折扣。

坐在最前排和最后排，哪个更能看清讲师的脸？不用说，当然是最前排。前文讲过：参加研讨会的学习效果之所以好，正是因为"可以接收到非语言信息"。

相反，如果看不清讲师的脸，就接收不到面部表情等视觉性的非语言信息。换言之，坐在后面听课，能接收到的信息总量会急剧减少。

学习效果和距离成反比。**距离越近，学到的东西越多。**参加研讨会或讲座时，最好坐在最前排，或者尽量靠前坐。

坐在最前排和最后排的区别

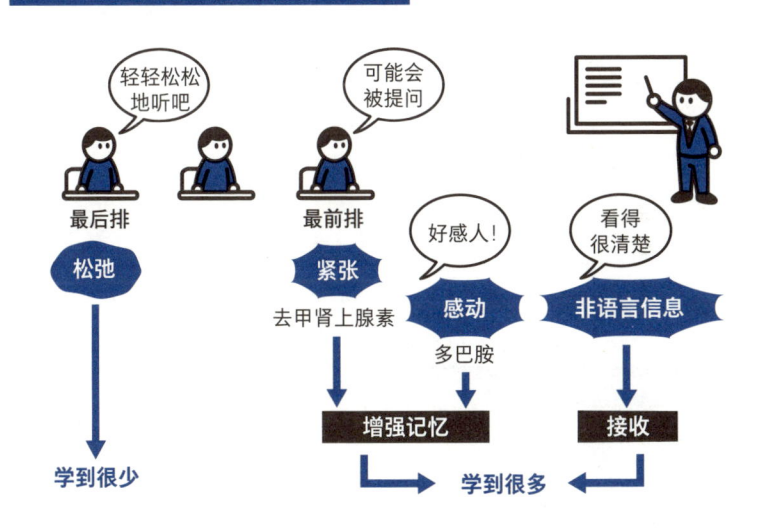

最后排："轻轻松松地听吧" → 松弛 → 学到很少

最前排："可能会被提问" → 紧张 → 去甲肾上腺素 → 增强记忆

"好感人！" → 感动 → 多巴胺 → 增强记忆

"看得很清楚" → 非语言信息 → 接收

→ 学到很多

> 参加研讨会时，要比别人早去，占个最前排的座位。

14 面向前方倾听（高效倾听2）
—— 做笔记时只记真正重要的点

在100个听课的学员当中，必定有那么几个人在拼命地做笔记，似乎想记住老师说的每一句话。他们看起来像是非常认真的好学生，其实恰恰相反。不信可以试试，在研讨会讲到一半时突然提问那些拼命做笔记的人，就会发现他们根本没理解老师所讲的内容。

很多人以为："笔记做得越详细就学得越好。"在初中、高中的课堂上确实如此。因为考试经常会出一些很细小的问题。可是，参加研讨会则截然相反。

参加研讨会，关键是要获得一些能促使自己改变行动的"启发"，而没有必要记录和记忆所有的内容。

前文说过：参加研讨会的好处，就在于能接收到那些无法通过读书获得的"非语言信息"。反过来说，接收"非语言信息"正是参加研讨会的目的。

面向前方的效果

输入并保存

面向前方的人 ←—— 视觉性的非语言信息
表情、手势、动作、视线

竹篮打水式地听

低头做笔记的人

低头拼命做笔记的人,能看见老师的脸吗?肯定看不见。老师运用表情和肢体语言传达着大量视觉信息,可是一味低头做笔记的人却完全没有接收到这些视觉性的非语言信息。这样的话,就失去了参加研讨会的意义。

"面向前方的时间"和"低头的时间"——"看着老师的时间"和"做笔记的时间"的比例最好是"7∶3"或"8∶2"左右。也就是说,大多数时间面向前方,只在获得重要"启发"时才做笔记。

我在《输出大全》那本书中提到过,输入和输出的黄金比例是"7∶3"。不过,在听别人讲话时,即正在输入的时候,应该专心致志地输入。等输入完了再尽情地输出。

参加研讨会时,只在获得重要"启发"时才做笔记

看着老师的时间	做笔记的时间
输入:7	输入:3

接收老师的非语言信息比做笔记更重要。

CHAPTER3 LISTEN

15 有目的地倾听（高效倾听3）

——明确目的，并写在笔记本上

只需花一分钟做一件事，你在研讨会上得到的"启发"和"自我成长"效果就能增强数倍。你想知道怎么做吗？

下面这些资料，是我举办的"输入能力培训讲座"研讨会上的工作资料。研讨会开始前，我会请学员填写这些问题。——是否做这个步骤，学员们对研讨会的理解、启发、自我成长、满意度将有数倍的差异。

这是因为，通过回答这些问题，学员会更明确自己参加研讨会的目的。这和我在第一章"输入的基本法则"中讲过的"确定目标"是一样的。

"在今天的研讨会上，你最想学到什么？"

如果你写的是"我想了解短时间内完成输入的有效方法"，那

大幅提高输入效率的神奇步骤

事前准备工作	请在研讨会开始前（18:30）填写	
问题1：你的输入和输出比例是多少？		以前（了解现状）
输入　　　　　　输出		
问题2：此前的"输入"过程中有什么困惑呢？		
问题3：在今天的研讨会上，你最想学到什么？		目的
问题4：你打算何时、如何运用今天学到的技巧？		以后（未来的构想）

（摘自2019年3月13日举办的"输入能力培训讲座"的研讨会表格）

么当老师讲到这部分内容时，你对关注点的接收天线就会立刻产生反应："这就是我最想了解的内容！"

如果一开始就明确自己"想要学到什么"，那么肯定就能学到这一部分。

但如果只是抱着"想随便学点有用的东西"的模糊目的，那么肯定是漫不经心地随便听听，结果将一无所获。

到达会场之后，通常距离研讨会正式开始还有一段时间。请你打开笔记本，在第一行写下"今天参加研讨会的目的"，然后往下列出3点。这个步骤很简单，只需要几分钟，熟练了之后甚至1分钟就能完成。

是否做这个步骤，你的学习效率将有数倍的差异。漫无目的地听讲的人学不到什么东西，所以，可以毫不夸张地说：你的学习效率会比他们高出10倍以上。

自己想了解什么？想学习什么？想变成什么样？——只要明确目的，即抱有"目的意识"地倾听，那么你的学习效率肯定会提高几倍。

第三章 加深学习理解的倾听方法 LISTEN

研讨会开始前，请在笔记本上写出"目的"

今天参加研讨会的目的
1
2
3

> "漫不经心"的态度是不行的。
> 研讨会需要积极主动地参加。

CHAPTER3 LISTEN

16 以提问为前提倾听（高效倾听4）

—— 努力成为"能提出好问题的人"

我举办的研讨会，会留出最后10分钟用于"解答疑问"。

"大家有什么问题吗？"如果我话音刚落大家就纷纷举手的话，我会非常高兴。但如果没有一个人举手的话，我会非常失落，心想："大家是对今天的话题不感兴趣，还是没听懂呢？"

很多人以为"没有问题"就是"听懂了"，其实恰恰相反。没有认真听讲或完全没听懂的人是提不出问题的。

苏格拉底说过一句话叫"无知之知"。——"自以为知道"的状态是愚蠢的，而"知道自己无知"的状态则是贤明的。

能提出问题的人和不能提出问题的人的区别

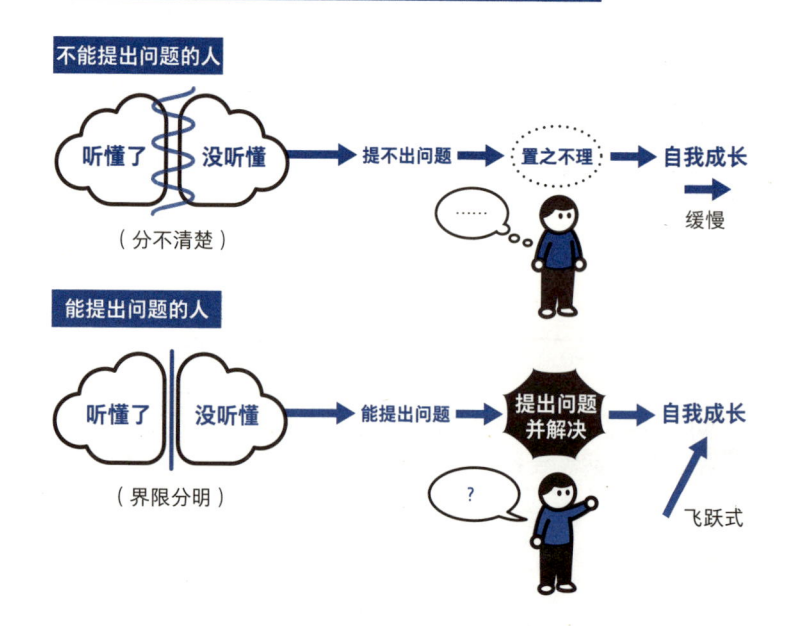

不能提出问题的人

听懂了 / 没听懂（分不清楚） → 提不出问题 → 置之不理 → 自我成长 缓慢

能提出问题的人

听懂了 | 没听懂（界限分明） → 能提出问题 → 提出问题并解决 → 自我成长 飞跃式

所谓"能提出问题",是指听了别人讲话之后,知道自己明白什么、不明白什么的状态。也就是说,理解程度不高的话,就无法提出合适的问题。

而且,"能提出问题的人"能通过"提问"立刻消除、解决自己有疑问或不清楚的地方。也就是说,在提问的瞬间就实现了自我成长。而"不能提出问题的人",即使心中有疑问或不清楚的地方也无法解决,只能置之不理,所以始终无法实现自我成长。

因此,需要"以提问为前提倾听"。请你做好准备,随时被老师点名都能提出3个问题。只要一边听讲,一边在笔记本的空白处迅速记下"疑问"或"问题",就能做到这一点。

只需记下疑问或标出不清楚的地方,就能打开接收天线,探查自己不明白的地方,从而提高听讲的专注力,大幅度地加深理解。

提问能力出现的不同结果

	不能提出问题的人	能立刻提出问题的人
给别人留下的印象	・你有没有认真听呢? ・你什么都没思考。 ・你一直在发呆吗? ・理解得不够深刻。 ・唉,原来你不感兴趣呀。 ・缺乏主体意识。	・你一边听一边在思考。 ・你听得很专心。 ・能提出这么深层次的问题,说明理解得比较深。 ・你对这个话题很感兴趣。 ・你的头脑真灵活。真优秀。
	评价低 ↓	评价极高 ↑

> 参加公司里的会议也随时带有"提问意识",这样会使周围的人对你刮目相看。

17 一边做笔记一边倾听（高效倾听5）

——提高专注力的"笔记"的作用

我们经常在电视新闻里看到这样的画面：报社记者们围着某个政治家，一边采访，一边唰唰唰地拼命做笔记。

我不禁感到疑惑：在如今这个有录音设备的时代，还有必要做笔记吗？另外，那些记者们过后真的会去看那些潦草的笔记吗？

有一次，我有机会和一位报社记者交谈，于是就直言不讳地问他："采访过后，你还会去看当时做的笔记吗？"他回答说："一般不看。不过，做笔记有助于提高专注力、整理思路。所以，最后不用看笔记也能写出报道来。"

我听了恍然大悟。原来，记者们做笔记不是为了"看"，而是为了"激活大脑"。

我在《输出大全》一书中写过："写"的行为能够激活RAS（脑干网状活化系统），打开接收天线，提高专注力。脑科学理论也表明，做笔记有助于理解和记忆，即使过后不看。

在医院看病也是如此。诊察过程中"做笔记的患者"应该比"不做笔记的患者"更容易治愈。

我向患者说明药物的副作用之后，会让对方说一下刚才听到的内容，看他能记住多少。这个时候，"不做笔记的患者"往往会一脸茫然，哑口无言，因为他什么也想不起来了。而"做笔记的患者"则能讲出一些关于药物副作用的要点。但他并不是看着笔记说的，而是因为他已经记住了这些要点。

看病时一边聆听一边做笔记，就能更加专注地听医生的话，防止错过重要信息，还能加深对内容的理解。虽然过后也可以看笔记，但不必再看就已经记住了。

顺便一提的是，"手写"比"打字输入"更能激活大脑。

关于做笔记的脑科学研究结果显示："大量做笔记会导致记忆力降低。"正如我在"14 面向前方倾听"里所说的，输入与输出的黄金比例是输入7分输出3分。笔记做得太多会导致比例失衡，影响记忆，结果适得其反。

总而言之，应该只记录"启发""要点""重点"，这样才能最大限度地发挥专注力。

做笔记的作用

打开接收天线

这种药物的疗效是……
副作用是……

· 提高专注力
· 防止错过重要的信息
· 加深对内容的理解

随身携带袖珍笔记本。

CHAPTER3 LISTEN

18 请教朋友

——放下自尊心，向"同辈"请教

假设高中时期的你数学成绩很差，而你的朋友A君则学得很好。那么，你向A君请教过这些问题吗："你用的是哪种习题集？""你是怎么学数学的？""怎样才能学好数学呢？"……可能从来没问过吧。

你会向学校或补习班的老师请教"有什么合适的数学习题集"，但不知为什么却很难向朋友开口。

又比如在公司里，和你同期入职的B君销售业绩出众。但你却不好意思向他请教如何提高销售业绩。

朋友或同事，虽然貌似关系不错，其实在心里却把对方视为"竞争对手"。所以，当你打算向他们请教"提高学习成绩的秘诀"或"提高销售业绩的秘诀"时，你会有一种下意识的罪恶感。

另外，你还担心问的问题太简单，会被对方嘲笑说"怎么连这也不懂"。你的自尊心，妨碍了你向朋友咨询和请教问题。

如果你为了这微不足道的自尊心而耽误了自我成长，那就太可惜了。

遇到不懂的问题，就请教"前辈""上司""老师""专家"等具有丰富的知识和经验的人。"以长辈为师"是世间的常识。

实际上，水平层次和你大致相当的"朋友""同伴""职场同事""同期入职的同事"才拥有更多你所需要的信息。这是因为，大家处于同一水平，你们有着同样的"烦恼"和"问题意识"，你们会遇到同样的困难并努力克服它。所以，应该尽可能向那些比你领先了两三步、水平比你稍高的朋友或同事请教，这样就能得到最有助于解决烦恼的答案。

向朋友或同事请教，并非"以长辈为师"，而是"以同辈为师"，这样更符合自己的水平，更容易获得具体而可行的答案。

为了实现自我成长，我们应该放下"反常的自尊心"。有些问题，没法问前辈或上司，但却可以问朋友或同事，而且还可以互教各自不懂的地方。如果能形成这样的相互关系，那么大家都能加速实现自我成长。

专业性强、难度高的内容"以长辈为师"；而基础的、初步的、具体的、实践性强的内容则"以同辈为师"——搭配使用这两种手法，就能最大限度地实现自我成长。

以长辈和同辈为师，加速自我成长

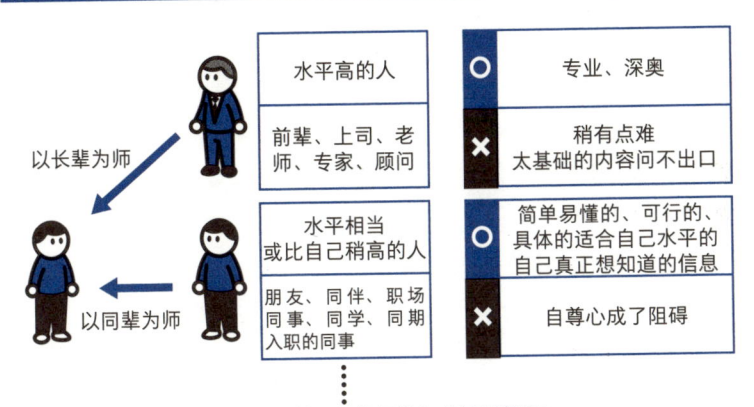

以长辈为师	水平高的人 前辈、上司、老师、专家、顾问	O	专业、深奥
		×	稍有点难 太基础的内容问不出口
以同辈为师	水平相当或比自己稍高的人 朋友、同伴、职场同事、同学、同期入职的同事	O	简单易懂的、可行的、具体的适合自己水平的自己真正想知道的信息
		×	自尊心成了阻碍

他们也有着同样的烦恼和"问题意识"

不仅要"请教"，而且要努力形成"互教"的关系。

CHAPTER3 LISTEN

19 "耳学"

——最大限度地利用碎片时间的学习方法

利用上下班途中的时间读书吧。我强烈建议大家利用碎片时间读书，我自己的大部分读书时间也是在出行途中。不过，乘坐首都圈的拥挤电车上下班的人，肯定会觉得："在拥挤的电车上读书是绝不可能的。"特别拥挤的路线，甚至连手机都没法看。在这种状况下，我建议运用"耳学"——用耳朵听声音的学习方法。

【"耳学"的五大优点】

（1）走路时也能听

上下班途中，站在公交车或地铁上也可以看书，但不能边走路边看书。运用"耳学"的话，走路时也可以继续听，所以能够最大限度地有效利用碎片时间。甚至在健身房时也能一边运动一边听。

（2）开车时、工作时也能听

因为只需要听声音，所以即便双手正在忙别的事也能听。也就是说，可以一边开车或工作一边听。

"耳学"可以把上下班途中的时间变成学习时间

只要有手机和耳机，就能随时随地学习。

（3）只要有手机和耳机，随时随地都能听

读纸质书籍需要随身带着书，而"耳学"的资源可以轻易地通过手机获得。现在每个人都有手机和耳机，只要有这两样东西就可以随时随地学习。

（4）适合不喜欢看书的人

不喜欢看书的人，有时读1本书要花费1个多月时间。而运用"耳学"的话，用倍速播放2～3小时就能读完1本书。也就是说，利用碎片时间，两三天就能读完1本书。

（5）免费资源丰富

想要读书，就得买书。不过，"耳学"倒是有很多免费而优质的资源。

我推荐的"耳学"资源

YouTube	世界最大的视频网站。可以只听声音，当作"耳学"资源。还有很多音频资源。
有声书（用耳朵读书）	不喜欢看书的人，也能从书中学到知识。例如audiobook.jp、Amazon的Audible等。
播客（网络广播）	历史较长，所以资源非常丰富。名人分享的商务音频资源也很多。可以跟着主播持续学习。
喜马拉雅（音频平台）	中国的音频平台。内容丰富多彩，从商务领域到艺人的搞笑节目都有。有很多5分钟左右的短音频，适合利用碎片时间听。
各种手机APP	有各种各样的音频APP，例如有的可以免费听英语会话音频。

> 买一副性能好的耳机，利用上下班途中的时间进行输入。

第三章 加深学习理解的倾听方法 LISTEN

20 听有声书

——"讨厌看书""讨厌看文字"之人的救星

我提倡说:"读书是性价比最高的输入方法,请大家每月至少读3本书!"这时,有人会说:"这太难了,因为我最怕看书了。"

讨厌看书、讨厌看文字的人,才读几页就会觉得很累,再也读不下去。读完1本书得花1个月。结果,陷入了"买书回来又读不完"的恶性循环。

根据文化厅的调查,47.5%的日本人不看除了漫画以外的书,全年阅读量为"0本"。换言之,大约有一半日本人"讨厌看书""讨厌看文字"。

阅读是输入的基础,所以,这些"读不下去书的人"在自我成长方面无疑处于极其不利的状况。

他们的救星,就是"有声书"。

所谓有声书,是指通常在书店销售的商务书籍、小说等,经专业配音演员或播音员朗读录制的音频。有声书可以用手机APP听。

一本有声书的用时长短和页数有关。以拙著《神·时间管理术》(国内出版译名为《为什么精英都是时间控》)为例,共288页,用时5小时50分钟。不过,有声书可以用倍速(或更快的速度)播放。用倍速播放也完全能听懂。也就是说,《神·时间管理术》这本书大约用3个小时就能听完。一般情况下,读纸质书也要花两三个小时。也就是说,通过有声书吸收1本书的营养所需的时间和读纸质书差不多。这是非常可喜的。

一般200页左右的商务书籍,用倍速播放2小时就能听完。所以,只要在上下班途中的时间一直听,当天就可以读完(听完)。对于

"讨厌看书"的人来说，这无异于一场革命。

另外，即使是经常读书的人，也可以利用开车时间轻易地增加阅读量。所以，听有声书的大有人在。

提供有声书服务的大公司有audiobook.jp和Amazon的Audible这两家。Audible运营时日尚短，可供购买的图书数量较少，对于每月读超过两本书的人来说，价格也偏高。目前来说，还是audiobook.jp更好用，提供的图书数量更多，大多数商品都能以纸质书的价格购买到。尤其像畅销书、经典的商务书籍之类的名著，大概率都被录制成了有声书。只要用手机APP检索"有声书"，下载之后就可以马上使用。

有声书可以随便听，所以，即使平时不看书的人也可以利用它学到书里的精华。大家一定要试试看。

利用有声书提高阅读量！

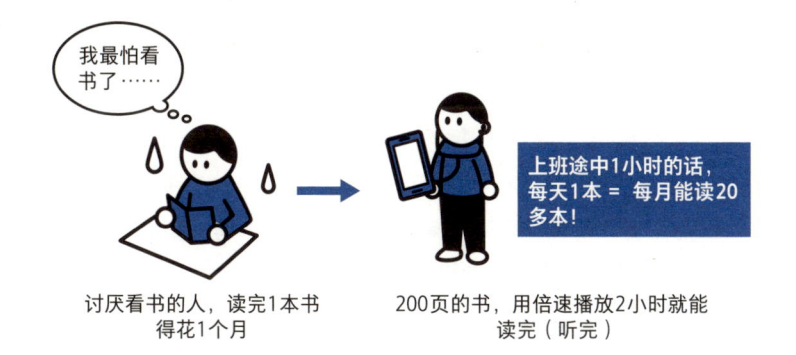

我最怕看书了……

讨厌看书的人，读完1本书得花1个月

200页的书，用倍速播放2小时就能读完（听完）

上班途中1小时的话，每天1本 = 每月能读20多本！

把乘坐电车或开车的时间变成"用耳朵读书"的时间吧。

21 听伴侣说话

——每天30分钟的"共鸣"是夫妻和睦的秘诀

根据某项问卷调查,对于"夫妻和睦的必要条件是什么"这个问题,最多人选择的回答是"经常聊天",占了69.6%。可见,有近七成受访者认为,夫妻之间经常聊天能促进关系和睦。

心理学理论也表明,夫妻和睦的最大秘诀是夫妻之间经常聊天,而"丈夫听妻子说话"尤其重要。

只要利用晚饭时间的30分钟,丈夫好好倾听妻子说话,就能实现夫妻和睦、家庭美满。相反,如果妻子正要说话时,却被丈夫一句"我今天工作很累"打断,妻子肯定会觉得很郁闷。

男人们大概会认为:"家务和带孩子方面的问题,我也没法解决,跟我说没用。"——谈话一定要有结论或建议,这是男人的心理。

然而,女人却压根儿都没想要"解决问题",她只是渴望倾诉,希望对方理解自己的辛劳和烦恼,希望得到对方的共鸣。所以,对于妻子来说,只要能用30分钟时间把今天遇到的烦心事说出来,得到丈夫的共鸣,郁闷就能一扫而空。尽管现实没有任何变化,但只要得到"共鸣",心情就会变得轻松愉快。

女人说话比男人啰唆,有时会让人忍不住想问:"你到底想得出什么结论?"但这话可千万不能说。因为,男人希望对方"把话说清楚",而女人却希望对方"理解我的内心"。

像这样,男人和女人在"谈话""聊天"时寻求不一样的东西,思维方式也大相径庭。是否了解这种男女心理差别,会对夫妻关系产生很大影响。

所以，丈夫在听妻子说话时，不必追求结论或提出建议，而应该附和着说句"嗯，这确实很麻烦"，表示自己深有同感。只需要这样做，妻子就会感到心满意足，夫妻关系就能保持和睦。既然如此，又何乐而不为呢？

男人寻求建议，女人寻求共鸣。只要了解这一点，并付诸实践，男女关系就能保持和睦。

当然，这个道理并不仅限于夫妻关系，同样也适用于恋人之间、职场的异性同事之间的谈话。

夫妻之间的思维方式区别

	丈夫	妻子
商量事情	寻求建议	寻求共鸣
谈话	希望对方说清楚	希望对方理解自己的内心
辩解	说明道理	发泄情感
幸福感	"被别人需要的时候"感觉到幸福	"被别人爱的时候"感觉到幸福
对家庭的需求	想有个舒适的住处	想要安心和稳定
疲劳的时候	希望对方闭嘴	希望对方觉察到
烦恼、不安的时候	希望得到对方信任	希望得到对方关心
钱	想随意用钱	想有计划地用钱
家务	希望对方告诉怎么做	希望对方自己想
育儿	有时想参与育儿	有时想休息一下

参考《为何丈夫什么都不做？为何妻子动不动就生气？》
（高草木阳光，左右社，2017年）

> 不必追求结论或提出建议，而是享受谈话本身。

CHAPTER3 LISTEN

22 倾听

——深层次地理解对方，产生同感

"深有同感地倾听"这句话说来简单，实际做起来非常难。这是心理辅导员或精神科医生常用的"倾听技巧"。

关于这项倾听技巧，详细讲解的话可以写成一本书。现在，我将其核心部分浓缩成三点，略作说明。无论在公司还是私下里，肯定有很多"倾听别人诉说"的场合。这时候，如果掌握一些倾听技巧，肯定可以变成一个"善于倾听"的人。

东日本大地震发生后，很多"倾听志愿者"到灾区积极地开展活动。后来的追踪调查报告显示：那些向志愿者倾诉过的受灾者，PTSD（创伤后应激障碍）的发病率较低。可见，只要会运用基本的倾听技巧，就能抚慰对方受伤的心灵。

（1）何谓倾听？

所谓倾听，就是指在听对方诉说的时候，能从深层次理解对方，体察对方的心情，并产生同感。通过倾听，可以深层次地获得对方信赖，构建良好的人际关系。

因此，"尊重对方，为了对方而倾听""倾听对方的心声"这样的姿态非常重要。

（2）专注于倾听

"倾听"，顾名思义，表示细心地、专注地听。

并不是只听"自己想听的内容"，而是要认真地听"对方想说的、想传达的内容"。

换言之，就是"不要说废话"。在对方说话时，我们不能插嘴，不能否定对方的话，不能随便下结论，不能急于给对方出谋划策。

（3）采取肯定态度

倾听的目的之一，就是要满足对方的"自我存在感"。得到别人的认可或承认时，能够满足"认同需求"，结果也满足了自我存在感。

因此，**要认真地听对方说话**。这样对方就会觉得："有人这么认真地听我说话，看来是对我表示认可的。"自我存在感也就得到了满足。

具体的倾听技巧

1. 眼神交流

正面看对方。适度地对视。通过视线，向对方传达这样的信息："我正在关注你。""我很关心你。"在倾听过程中，最好不要做笔记。可以等听完再一起记。

2. 点头、附和

听对方说话时，适时地点头有助于对方调整说话节奏，更容易往下说。而且，还能让对方感觉到你正在饶有兴致地听他说话。这时的点头可以比平时幅度稍大些，或者稍慢些。如果能适当地调整点头节奏快慢的话，效果会更好。

3. 复述

把对方刚说的话复述一遍，也是一项技巧。这样可以促使对方加深对这句话的理解和思考，并有所启发。

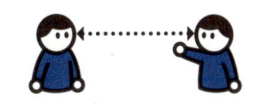

> 我正为人际关系而感到苦恼。
>
> 嗯，你正为人际关系而感到苦恼。

> 努力成为"善于倾听"的人，这样别人就会很愿意向你倾诉。

第三章　加深学习理解的倾听方法 LISTEN

23 同感

—— 想象对方的心情，无条件地接纳

上一节介绍了心理辅导的基本技巧"倾听"，接下来进一步说明"同感""接纳"等心理辅导中不可或缺的要点。

（1）同感

如果举出心理辅导中最重要的一点，那应该就是"同感"吧。不过，一般用语中的"同感"和心理学用语中的"同感"并不一样。

"我明白你的痛苦心情。"——这句话并不是同感，因为主语是"我"。我把"同情"与"同感"的区别归纳成表。所谓"同情"，是指以自己为中心，以自己的经验、价值观、记忆为基准来理解对方的心情。

而"同感"，则是以"对方"为中心，想象并理解对方的心情。

"我明白你的痛苦心情。"——这是同情。

"你现在一定很痛苦吧。"——这才是同感。

而且，同感是"双向"的。所以，自己理解对方的同时，对方也必定会感觉"得到了理解"。同感，就是"共同分享心意相通的感觉"。

如果能运用同感的倾听方法，对方就会对你更加信任，向你倾诉更深层次的心意相通的话语。

而同情的倾听方法，有时难免会把自己的想法和判断强加于人，或者被对方的情绪带着走，以致效果不佳。如果能分清同情与同感的区别，转换为同感的倾听方式，那么你的倾听方式一定会有很大改善。

（2）接纳

接纳，是心理辅导的基本态度——要无条件地接纳对方的情绪和话语。既不否定，也不评价，而是全盘接纳。对方会因为"被接纳""被理解"而得到精神慰藉。

与接纳相反的行为，是"打断对方发言""作判断""提意见""提建议"，等等。只要注意避免这些行为，就能改善倾听方式。

进行心理辅导时，这样的姿态非常重要：暂且放下"自己的情感和想法"，而专注于"对方的情感和想法"，并且产生同感，积极地接纳对方。

同情与同感的区别

	同情	同感
主体	自己 自己是主角	对方 对方是主角
中心	以自我为中心 凭自己的经验、记忆去理解对方	以对方为中心 理解对方的心情
视线	俯视	平视
关系	上下关系	对等关系
方向	单向 被动的	双向 主动的
情感	评价、判断 可怜、怜悯 感情用事 容易变得失控	全盘接纳 不作评价，不作判断 尊重对方 冷静 可控
主观/客观	单向的移情作用	客观
基准	自己的经验、价值观、记忆	想象力

> 把自己当成心理辅导员，培养"不否定对方"的倾听方式吧。

CHAPTER3 LISTEN

24 轻松地倾听

——并非"承受压力",而是"卸下压力"

经常有人问我:"精神科医生一整天都在听患者说些消极的话,不会因为承受压力而精神失常吗?"

结论是:不会。因为我有"轻松倾听"的秘诀。

公司里的业务员也一样,会经常收到顾客投诉和接待来电,受到对方负能量的影响,倍感压力。如果每天如此,就有可能患上精神疾病。

为了避免出现这种状况,听对方说话时就得采取像门帘一样柔软、轻盈的姿态——我把这称为"门帘法则"。一言以蔽之,就是要像门帘那样"卸下压力",而非"承受压力"。

门帘法则

剧痛	一点都不痛
墙壁 10kg ← → 10kg	门帘 → 10kg
✖ 压力 →	◯ 压力 →

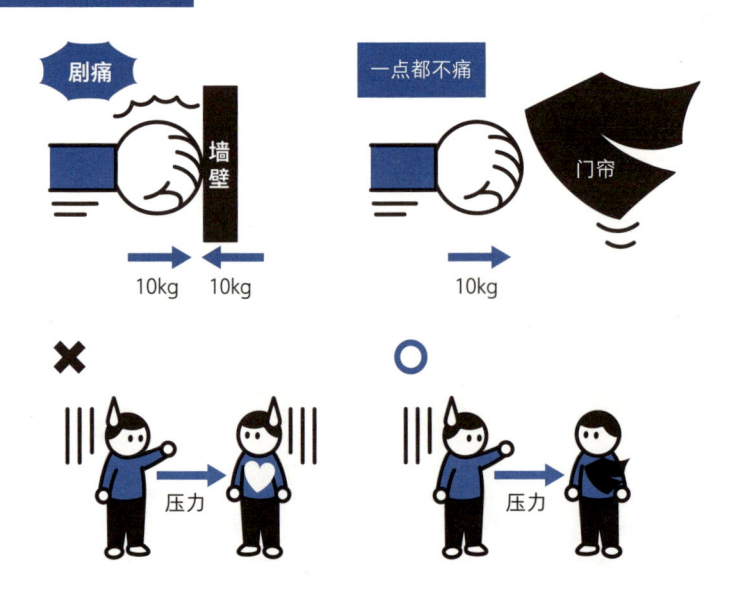

当你握紧拳头，用10kg的力度击打混凝土墙壁时，拳头会感到剧痛。施加10kg压力，就会承受10kg的反作用力——我们在初中的物理课上学过这项"作用与反作用定律"。大多数人都想从正面承受这10kg的压力，结果就要负担10kg的重压。

那么，当你握紧拳头，用10kg的力度击打门帘呢？你感觉不到一点疼痛。即使用20kg甚至全力击打也不会痛，门帘只是轻飘飘地飞扬起来。——这就是"门帘法则"。

把自己当作门帘，保持轻松的姿态，柔软地、轻盈地听对方说话。这种柔和的氛围还能以非语言形式传达给对方。这样的话，既可以卸下压力，对方也能感觉到一种精神慰藉。

像门帘一样倾听的秘诀

- 听人说话之前，想象着"自己的内心变成了一块门帘"。
- 在柔软的、轻盈的氛围中倾听。
- 表情像佛祖一样柔和地微笑。
- 以轻松的心情倾听，并用这种轻松的心情感染对方。
- 情绪保持中立，不要过度陷入对方所说的情境之中。
- 不要过度认真和严肃。
- 把对方的愤怒、焦躁、不安等消极情绪轻轻地卸下。

> 要养成这样的习惯：当你在谈话中感受到压力，就在头脑里想象"门帘法则"。

CHAPTER3 LISTEN

25 听英语

——运用"表里一体"提高听力

说到"听",我们会联想到学英语或其他外语的"听力"。很多大学的入学考试把"听力"设为必考项目;在TOEIC®考试中,"听力"分数也占了一半的比重。因此,对学英语的人来说,听力可以说是必备的技能。

然而,刚开始听英语会话音频的时候,根本听不懂。"说"的时候,可以按自己的速度边想边说;"听"的时候,却必须要跟上对方说话的速度,自己无法控制。——这正是练听力的难点。

我曾在2004年赴美国芝加哥留学。在那之前的一年里,我每天都花2~3个小时时间学英语。其中,听力是最难提高的。但自从我开始运用某个训练法之后,听力水平就突飞猛进。——这个方法

影子跟读法的表里一体

输入和输出几乎同时进行

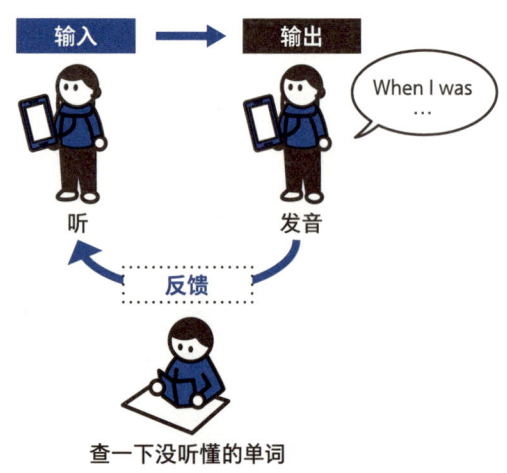

| 输入 | → | 输出 |

听　　　发音　　"When I was …"

反馈

查一下没听懂的单词

就是"影子跟读法"(shadowing)。

所谓影子跟读法，就是一边播放英语音频，一边按自己听到的进行跟读的方法。就像影子追着人到处跑的感觉。输入（听）之后立刻输出（说）。可以说，这正是本书多次讲到的"输入与输出表里一体"的方法之一。

有一点很重要的是，没听懂的部分是无法跟读的。如果不开口，只是默默地听着，就不知道自己是否真的听懂了；但只要运用影子跟读法，就能百分之百地明确自己哪个单词听懂了哪个单词没听懂。

没听懂的单词，一定要看回原文文本（Script），弄清楚为什么没听懂。大多数情况下，可能是因为"不会这个单词"或"没听清楚连音（liaison）"吧。如果是不会的单词，无论听多少遍也不可能听懂，因此只有对照文本认真地进行"反馈"才能提高听力。

影子跟读法比较适合水平比较高的学习者。如果有很多地方都听不懂的话，那还是应该从"逐句跟读"（repeating）和"看着文本同时跟读"（overlapping）做起。

听力训练法

适合初学者 ↕ 适合水平较高者		
	overlapping	一边听音频，一边看着文本同时跟读
	repeating	听完一句，然后跟读（逐句）
	shadowing	一边听音频，一边跟读（一直不停地播放）
	dictation	一边听音频，逐字逐句记下来（听写）

学英语也可以运用输入输出的实践法。

CHAPTER3 LISTEN

26 听音乐1

——要听音乐的话,不能"边学边听",而要"在学习前听"

"学习的时候播放音乐,能促进学习吗?"——从结论来说,许多研究结果表明:在学习的时候播放音乐,会明显降低学习效率。

根据英国格拉斯哥卡利多尼安大学开展的研究,在"快节奏歌曲""慢节奏歌曲""环境音""无声"这4种条件下进行了关于记忆力、注意力等认知功能的测试,结果发现:有音乐和杂音的实验组的各项测试分数都比"无声"组低。尤其是"快节奏歌曲"的干扰很大,记忆力测试分数比"无声"组低了50%之多。

像这样,出现与任务内容无关的声音而使效率比环境安静时降低——这被称为"无关声音效应"。人的大脑无法同时处理多个任务。也就是说,"学习"和"听音乐"这两个任务看似同时进行,其实在大脑中是交替处理的。这样会给大脑造成很大负担,导致学习效率显著下降。

记忆和阅读理解会用到"语言脑",而有歌词的音乐会给"语

背景音对认知功能的影响

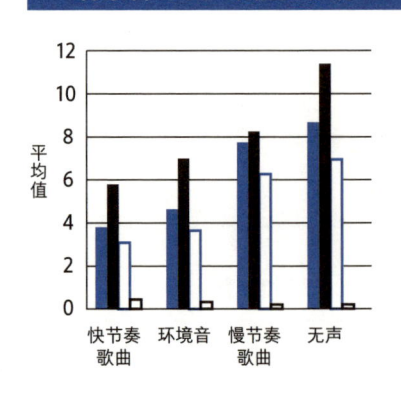

■ 即时回忆
■ 自由回忆
□ 延迟回忆
□ 斯楚普测验

(对于执行功能和注意力的测试,结果越差则得分越高)

英国格拉斯哥卡利多尼安大学开展的研究。40名实验对象在"快节奏歌曲""慢节奏歌曲""环境音""无声"这4种条件下接受了关于记忆力、判断力等认知功能的测试。结果显示:与"无声"组相比,有音乐或杂音的实验组的所有认知功能都更低。尤其是"快节奏歌曲"组的记忆力测试分数只有"无声"组的一半。(Cassidy, 2017)

言脑"增加负担,所以干扰特别大。

可是,一边听着喜欢的歌曲一边学习时会感觉效果不错,这是为什么呢?——加拿大麦吉尔大学的研究表明:听着喜欢的音乐时,心情愉悦,脑内分泌出多巴胺,从而就会使人感到"快乐",至于实际的学习效率是否提高,那就另当别论了。

东北大学有一项研究,让实验对象听完"快节奏歌曲"和"慢节奏歌曲"后完成短期记忆任务。结果显示:听过"快节奏歌曲"之后,左侧额下回(短期记忆所必需的部位)被激活,短期记忆能力提高了。

也就是说,在开始工作或学习之前,听听快节奏歌曲或自己喜欢的音乐,能使情绪高涨,从脑科学来说具有一定的效果。

综上所述,合理运用音乐的学习方法就是:开始学习前的10~15分钟,先听听自己喜欢的音乐或快节奏歌曲;开始学习时就关掉音乐,在安静的环境中学习;到了休息时间再听听音乐,转换心情。像这样灵活地利用音乐,就一定能大幅提高你的学习效率。

音乐要在学习前听!

学习前	开始学习前的10~15分钟,先听听自己喜欢的音乐或快节奏歌曲	→	短期记忆↑ 多巴胺↑
学习时	关掉音乐,在安静的环境中学习	→	专注力↑

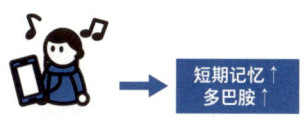

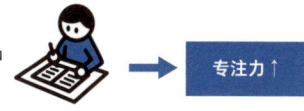

通过音乐准备进入"学习状态",就像专业摔跤选手的出场曲一样。

27 听自然音

CHAPTER3 LISTEN

——提高效率的"少量杂音"

前文提到过,研究结果表明"无声"状态的学习效果最佳。但也有人会觉得"过于安静反而无法集中注意力"。

实验中的小老鼠在完全无声状态下无法记忆,但如果给它听"白噪声"(电视机的雪花屏声音),就能提高学习效率。

那么,我们人类又如何呢?斯德哥尔摩大学的研究结果显示:对于平时专注力不够的学生来说,听白噪声能促进学习;相反,对于专注力强的学生来说,听白噪声会妨碍学习。

是"在安静的环境中"学得更好,还是"有少量杂音"学得更好,这因人而异。我自己绝对属于"无声派",但也有人属于"杂音派"。

有人觉得:"比起家里的安静环境,在咖啡馆办公更有效率。"——这样的人,就可认为属于"杂音派"。当然,如果杂音太过吵闹则会适得其反。大概类似于"安静的咖啡馆"的程度,就比较合适。

有的"杂音派"人士,会一边听着小音量的波浪声、风声、鸟

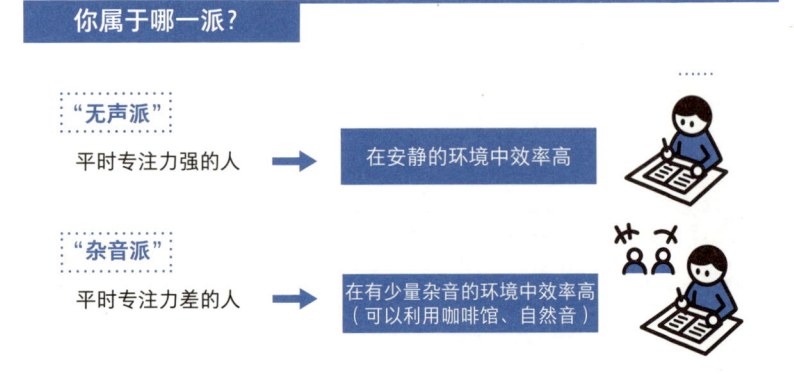

你属于哪一派?

"无声派"
平时专注力强的人 → 在安静的环境中效率高

"杂音派"
平时专注力差的人 → 在有少量杂音的环境中效率高
(可以利用咖啡馆、自然音)

叫声等自然音，一边学习或工作。只要在YouTube上搜索"自然音""环境音"，就能找到自己喜欢的音源。

自然音能提高大脑中的阿尔法波（α波），具有放松效果，所以适宜在休息时间听。

经常有人问我："YouTube等网站上流行的'提高专注力的音源'有效果吗？"——我的结论是：对"杂音派"的人有一定效果，但对"无声派"的人可能有反作用。

我每次去咖啡馆时，如果有客人在大声说话，我就会打开手机听"提高专注力的音源"。人的说话声属于"语言信息"，因此会明显降低专注力和工作效率。为了抵消这种干扰，可以使用"自然音"或"提高专注力的音源"。

我在咖啡馆办公时的必备品是BOSE的降噪耳机。就算旁边有人在大声交谈，这种耳机也能帮我屏蔽杂音，让我几乎感觉不到。即便是在满员电车的车厢里，也可以提供非常安静的环境。这款便利的工具，能帮助我们在嘈杂的环境中提高专注力、进行输入。

自然音的效果

1	对于"杂音派"的人来说，自然音比无声环境的工作效率更高。	专注力↑、工作效率↑
2	在咖啡馆可以抵消"人的说话声"。	专注力↑、工作效率↑
3	让小学生听鸟叫声，可以提高专注力。	专注力↑
4	"1/f波动"能提高阿尔法波。	放松效果
5	激活副交感神经。	放松效果
6	睡觉前听自然音比较容易入睡。	助眠效果
7	波浪声等自然音与胎儿听到的声音很相似。	安心效果
8	超过听阈范围的高周波具有治愈效果。	放松效果 治愈效果

> 找到让自己觉得舒适的工作环境。

28 听音乐2

—— "工作" "运动" 的时候听音乐有明显效果

学习时听音乐会降低学习效率。然而，肯定有很多人觉得听音乐能促进工作。

某项研究分析了大约200篇关于"工作和音乐"的论文，结果发现：认为"听音乐能促进工作"和认为"听音乐会妨碍工作"的研究数量几乎相同。

归根结底，要看具体是什么工作。工作种类不同，结果也大相径庭。细分一下，可以得出这样的结果：对于记忆力、读书（阅读理解），听音乐具有妨碍作用；而对于工作速度、运动、心情，听音乐具有促进作用。

如果是自动化流水线之类的单纯手部操作，听音乐能提高工作效率。事实上，有的公司就在流水生产线上播放音乐以提高工作效率。

此外，在医疗领域，许多外科医生觉得："在手术过程中听自己喜欢的音乐更能集中注意力。"在大多数手术室里都会播放主刀医生喜欢的音乐。这是因为，手术也属于一种"单纯操作"。

对于顺序和流程固定的工作，或不需要怎么动脑筋的单纯操作，音乐能起到促进作用。

此外，许多运动员会在练习过程中或比赛开始前听音乐。音乐对于运动的效果究竟如何呢？

英国布鲁内尔大学的某项研究结果显示，给长跑运动员听皇后乐队或麦当娜的歌曲后，跑步距离增加了18%，而且时间也缩短了。此外，根据英国雪菲尔哈伦大学的研究，在有背景音乐的情况下，同一项运动的氧气消耗量比没有背景音乐时下降了7%。音乐对于运动具有极好的促进效果。

有报告称,音乐能促使人们做出同步反应,所以音响节奏会带起运动节奏,听快节奏歌曲能够让人跑得更快。选择符合自身运动节奏的歌曲,可以最大限度地发挥音乐对运动的促进效果。

另外,听自己喜欢的歌曲还会分泌多巴胺,缓和运动时的痛苦和不适。做俯卧撑、深蹲等令人痛苦的肌肉训练时,充分利用音乐可以使训练变得轻松一些。

音乐对于"工作""运动"具有促进作用,对于"学习""记忆"具有妨碍作用。希望大家能理解这个特性,有效地利用音乐。

音乐的效果

	工作	运动	心情
促进作用			

	学习	记忆	读书
妨碍作用			

关键是要根据不同场合加以灵活运用

> 如果是单纯操作之类的工作,不妨播放快节奏歌曲,加快完成速度。

29 听音乐3

—— 选择合适的音乐来调节心情

看到"学习时听音乐具有妨碍作用"时，很多人都会感到失望吧。不过，只要有效地利用音乐，它也具有放松心情、激发情绪、增加勇气等效果。

音乐除了对"工作""运动"具有促进作用之外，对于调节"心情"的效果也是广为人知的。

听莫扎特和巴赫等音乐家的古典音乐时，副交感神经占优势，心率下降，脑电波中的阿尔法波增加，血清素含量也上升——也就是说，进入了放松状态。此外，乙酰胆碱含量也会上升，使记忆力和创造力得到增强。

听硬式摇滚之类节奏快速而激昂的歌曲时，交感神经占优势，心率上升——也就是说，进入了情绪高涨的状态。

音量大小也有影响——音量大比较容易兴奋，音量小则具有放松效果。

另外，听自己喜欢的歌曲时会分泌多巴胺，听不喜欢的歌曲则不会。

换言之，听不同的音乐可以调节心情，或放松心情，或激发情绪。

在大家面前说话容易怯场而紧张的人，演讲前不妨听听莫扎特的古典音乐以放松心情；相反，想激发情绪、干劲十足地做演讲的人，则可以听听硬式摇滚。

被上司训斥而感到沮丧时，不妨听听自己喜欢的歌曲。大脑分泌出多巴胺，就能增加勇气，重新振作起来。

有研究显示，如果在睡觉前45分钟听古典音乐，86%的实验对象的睡眠质量都有所改善。睡觉前听古典音乐、疗愈音乐、自然音，就能提高阿尔法波，进入放松状态，因此容易入睡，睡眠质量也有所提高。

但睡眠过程中播放音乐则会降低睡眠质量。所以一定要关掉音乐再睡，或者设定自动关闭功能。

像这样有效地利用音乐，就能为你的生活带来情趣，使你心情愉快而充满活力地投入学习和工作中。

用音乐调节心情

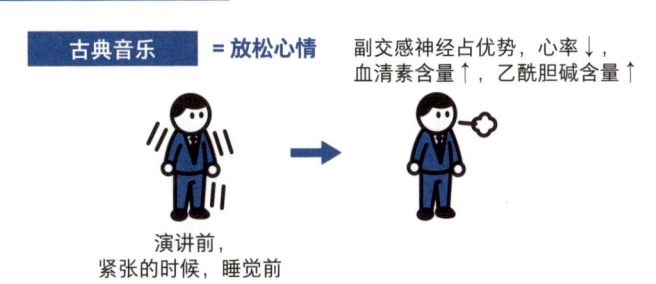

古典音乐 = **放松心情**　副交感神经占优势，心率↓，
血清素含量↑，乙酰胆碱含量↑

演讲前，
紧张的时候，睡觉前

硬式摇滚 = **激发情绪↑**　交感神经占优势，心率↑

喜欢的歌曲 = **心情愉快**　多巴胺↑，
增加勇气，精神振作

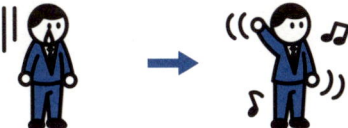

被上司训斥而感到沮丧时

> 制作一份按不同心情分类的心水歌单吧。

第三章　加深学习理解的倾听方法 LISTEN

THE POWER OF
INPUT

第四章
能把一切转化为自我成长的观察方法

WATCH

CHAPTER4 WATCH

30 观察

—— 洞悉对方的内心，敏感地觉察到变化和流行趋势

我想，很多人小时候都迷过《福尔摩斯探案》吧。我也一样，至今还忘不了初中时读过的《血字的研究》中的一个情节。

这是福尔摩斯与华生初次见面的情景。华生刚走进房间，福尔摩斯就冷不防地对他说道："您到过阿富汗吧？"华生听了大吃一惊。福尔摩斯在没有事先掌握相关信息的情况下，仅凭观察就看出了华生当过军医并且曾到过阿富汗！

观察别人，实在是太有意思了！我也想拥有这种观察力！

曾经有过这种想法的我，现在正从事着"观察别人"的职业——精神科医生。我的观察力也得到了很大提高——从初诊患者走进诊室到坐下的15秒钟内，我就可以大致得出诊断结果。

训练观察力，有6个好处。

（1）提高沟通能力

观察别人，就是说并非听对方说话（语言信息），而是收集外表特征即视觉信息。观察力强，则意味着能够收集到对方的大量非语言信息，因此能提高非语言沟通的能力。

通过收集非语言信息，还能准确地洞察对方内心的想法。体察对方的心情，无论在商务领域还是在恋爱或构建人际关系方面都是绝对有利的。

（2）改善人际关系

你的妻子或恋人换了个发型，可你回到家时却根本没注意到。她肯定对此感到不悦。但如果你在进门的那一刻就说："哇，你剪头

发啦,这个发型真好看。"她一定会心花怒放。

"关注对方的微小变化",意味着"对其关心或感兴趣"。只需把对方的微小变化用语言表达出来,就能增加与对方的亲密度。

(3)提高收集信息的能力
(4)加速自我成长

观察力是信息进入大脑的入口。看同一部电影,观察力弱的人只能获取30%的信息,而观察力强的人却能够获取100%的信息。花同样时间,看同一部电影,输入量却相差3倍多。结果,自我成长的速度也相差3倍多。

此外,通过仔细观察,还能提高采取对策和行动的速度,遇到突发事件时也能随机应变。

通过提高观察力,可以增加信息收集量,在有限的输入时间里迅速成长。

福尔摩斯的观察力

与华生初次见面的福尔摩斯

"您到过阿富汗吧?"

这位绅士的职业是医生,而且看起来很有军人气质,显然是一位军医。他的脸黑黝黝的,手腕肤色却很白,这说明他并非原本就是黑皮肤,而是刚从热带地区回来。他脸色憔悴,很可能是经历过艰苦而且受到病痛折磨。他的左手动作不灵活,可能受过伤。——能让一位英国陆军军医遭遇如此苦难甚至受伤的热带地区是哪里呢?——只能是阿富汗了。

（5）敏感地觉察到变化
（6）取得商业上的成功

上班路上新开了一家拉面馆。观察力强的人在开业当天就会留意到；而观察力弱的人过了一个星期也没发现。观察力强，则容易注意到"变化"——也就是对"流行"敏感，甚至能预测到接下来的流行趋势。

最近，关于"输出"方面的书逐渐多了起来。我由此预测：如果出一本关于"输出"的权威版读物，可能会很畅销。结果不出所料，我写的《输出大全》成了畅销书。

只要能预测到变化和流行趋势，就容易取得商业上的成功。为此，就需要训练观察力。

观察力提高了，就能改善人际关系，从而取得商业上的成功。

观察力强的人与观察力弱的人的区别

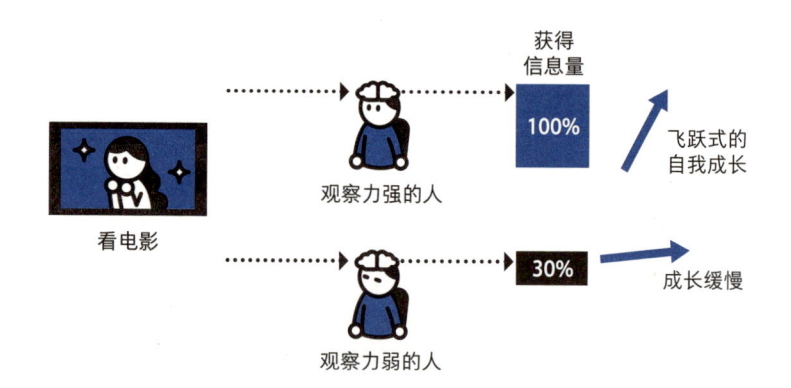

精神科医生观察什么？

- 姿势
- 视线、目光是否与人对视、东张西望（社交恐惧、不安）
- 眼神是否坚定有力（意愿、意志、精神）
- 是否有黑眼圈（睡眠状态）
- 仪表、化妆、胡子、头发（是否睡得乱糟糟的）
- 服装、皱巴巴的衣服、是否得体（社会性）
- 营养状态（脸颊消瘦程度、皮肤的光泽、脸色）
- 体格、体形、肌肉状态、肥胖还是瘦弱
- 情绪（生气、沮丧、焦躁、不安）
- 表情（是否僵硬、表情变化、笑容）
- 动作（慢、快、稳重程度、力度）
- 是否精神抖擞
- 与家属的关系（是一个人来就诊还是有家属陪同）

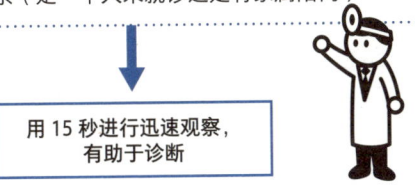

用 15 秒进行迅速观察，有助于诊断

OODA循环理论

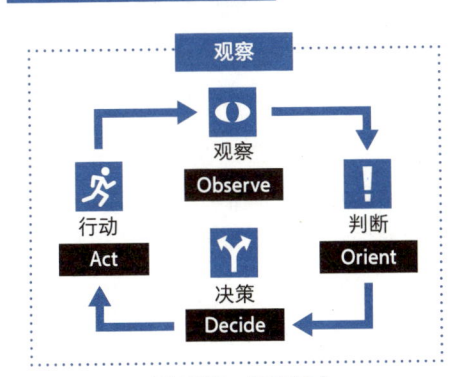

观察
观察 Observe
判断 Orient
决策 Decide
行动 Act

仔细观察，迅速行动

美国空军飞行员提倡的"OODA循环"。"PDCA循环"无法应对突发事件，但"OODA循环"却可以做到随机应变。

首先从观察"家里人的变化"开始。

第四章 能把一切转化为自我成长的观察方法 WATCH

CHAPTER4 WATCH

31 训练观察力

——反复进行"观察+为什么"的训练

前文说过训练观察力非常有用。那么,具体要怎么训练观察力呢?

(1)以输出为前提

只要想着"等一下要把这个写进博客",你就会观察得更仔细。以前我在制作关于"汤咖喱"的网页时,就有过深切的体会。

鸡排骨是煮还是烤?西兰花放一个还是两个?茄子要先油炸过吗?……这些一般人不会留意的细节,我也必须全部观察记录下来,否则就写不成文章。反复进行观察,才能做到一目了然。

(2)福尔摩斯式的观察训练

我空闲时会做一项观察力训练:

看着电车里的乘客,猜想他的职业,或者猜想他刚做过什么事情。

举个例子。周五晚10点的电车上,有一个正在用手机发短信的25~30岁的女人。她脸颊泛红——大概是刚在外面用餐回来。她穿着很有女人味儿的连衣裙,妆也化得很精致——可能不是公司聚餐,而是和异性约会。现在是晚上10点,时间尚早——也就是说,吃完晚饭就各自回家了,可见关系还不是很亲密,或者是刚交往不久,或者还不算恋人关系。她发的短信,内容可能是"感谢你今天请我吃饭"之类。她的表情似乎很开心——显然对对方抱有强烈的好感,可能想和对方继续发展下去……

至于我的猜想是否正确,那就不得而知了。不过,经常这么刨根问底似的猜想，确实是可以训练观察力的。

（3）追问"为什么"

在日常生活中遇到觉得诧异的事情时，大部分人都不会去深究。

比如，走在街上看见有人在排长龙时……大多数人都会若无其事地走开吧。但我会问一下："这排队是干什么的？"了解到这是在排队买新款游戏，我就知道了竟然有让年轻人如此沉迷的游戏，过后我还要在网上搜索一下这款游戏的相关信息。

"观察+为什么"将开拓崭新的世界。而且"为什么"又会促进下一次新的观察，使观察力不断地得到锻炼。

养成这种追问"为什么"的习惯，能使你敏感地把握流行趋势，最终能够提出假设并预测未来。

通过反复进行"观察+为什么"，将会促发一连串新的发现。

在日常生活中有意识地问"为什么"

为什么茄子要先油炸过……？

为什么这个人手里拿着一束花……？

是庆祝还是退职？

为什么这家店门前这么多人排队……？

为什么这个出场人物会这么做……？

（4）试着揣摩对方的心理

跟人交谈时，从表情、动作、视线等非语言信息中试着揣摩对方"正在想什么"或"有何感受"。

以我这个精神科医生为例。当我向患者提出给他开抗抑郁症的药物时，我会观察对方的表情变化。如果表情轻松，则表示开药令他安心；如果表情惊讶，则表示他不想吃药——这样的话，我就需要更详细地向他说明药物的效果和安全性。

有时候跟朋友聊天时，也可以试着揣摩对方的内心，并说出来。例如："昨天你肯定有什么好事吧？"猜中了，就会让对方大吃一惊："咦，你怎么知道的！"

（5）逛街

到平时很少去的街上随便走走，会有很多新发现。不过，光是走路的话就没什么收获，所以要有意识地去寻找有趣的东西。而且，如果按"美食店""杂货店""神社或寺院"等主题行走的话，应该会有更多的发现。

当然，还要运用"AZ法"（以输出为前提）进行观察，把观察结果整理成文章，发到博客等平台上。如果能找到让读者眼前一亮的新视角和新发现，那就更妙了。

（6）看电影

看电影是最好的观察力训练法。两个小时的过程中充满了大量视觉信息，我们能从中观察和解读到什么程度呢？关注人物，能提高对人的观察力；关注背景、小物件或小道具也很有意思。关键也要运用"AZ法"进行观察，把观察结果以观后感、影评的形式整理成文章，发到博客等平台上。

（7）美术鉴赏

《训练观察力之名画解读》（艾美·赫曼著）这本书的书名，一针见血地说明了绘画鉴赏能够训练观察力。看电影是训练对动态影像的观察力，而美术鉴赏则是观察一幅静态的画。其背景、服装、姿势、小物件等描绘的细节里，蕴含着重要的意义和意象。可以按语音解说的提示，把关注点放在作品的细节上吧。

关于"逛街""看电影"和"美术鉴赏"，本书在后半部分还会分别进行详细解说，也请参考那一部分内容。

"看"的输入效果取决于观察力

看 ← 观察力 →
- 没有输入的信息 ┈▶ 你所不了解的世界 ↓ 成长空间
- 成功输入的信息
- 没有输入的信息

> 在和别人聊天时，把自己当成侦探，想象对方的心理。

32 揣摩表情

——瞬间明白对方心意的"石蕊测试法"

"要是能明白对方的心意,人生就没这么累了。"——你是否也这样想过呢?尤其是当你喜欢上某个人的时候,当然想知道对方是否对自己有好感吧。

只要向对方表白,就能立刻明白对方的心意。但大多数人都害怕表白被拒而受伤,所以不敢开口。其实,有一个方法,让你不必鼓起勇气告白也能瞬间明白对方的心意。

从对方的表情揣摩其心理并不难,只需提一个问题即可——提一个问题,然后敏锐地观察对方瞬间的表情变化。这样就能比较准确地猜测出对方心里在想什么。

我把这叫作"石蕊测试法"。所谓石蕊测试法,用戏剧用语来说就是:"施加某个刺激(台词、事件、道具)而使剧中人物表现出情感的技法。"这个词源自测试酸碱性的石蕊试纸。

例如,向你的意中人提出:"下次一起去吃饭吧?"

对方即使讨厌你,通常也不会立刻拒绝说"不去",而是含糊其词地回答:"这个嘛……"同样地,对方即使非常喜欢你,通常也不会立刻回答说"我想去"!因为女孩子不愿被别人轻视,所以也会含糊其词地回答:"这个嘛……"那么,她的本意到底是哪一种呢?——会通过"表情的变化"表现出来。

收到邀请的瞬间,如果脸色阴沉下来,流露出消极的表情,就说明她感到为难,也就是说对你没有好感。

收到邀请的瞬间,如果容光焕发,脸上流露出微笑等积极的表情，则是对你表示"欢迎"的信号。

人有一种"掩饰心理"，经常会隐藏自己的情感。但在被提问的一瞬间，真实情感会流露于脸上。

"石蕊测试法"也可以应用到你的工作中。比方说，我给失眠症患者看诊，最后我问道："给你开点安眠药吧？"——在这一刻，从患者的表情变化可以看出他想不想吃药。

刚开始运用"石蕊测试法"或许有点困难，但只要平时利用各种场合多加练习，就能够做到以极高概率猜中对方的真心话究竟是YES还是NO。

第四章 能把一切转化为自我成长的观察方法 WATCH

用"石蕊测试法"揣摩对方的心意

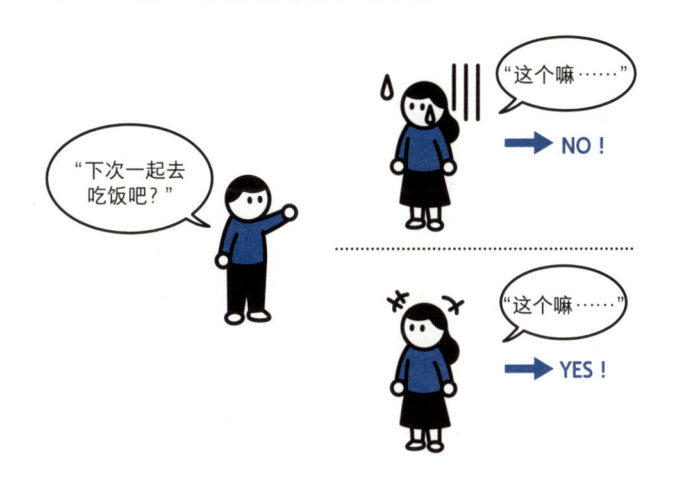

"下次一起去吃饭吧？"

"这个嘛……" → NO！

"这个嘛……" → YES！

> 平时先积累用于不同对象的"石蕊测试法"的问题。

CHAPTER4 WATCH

33 重温

——两周内输入3次以上以巩固记忆

听人讲话时做笔记或记录的重要性，相信你已经理解了。那么，那些笔记或记录是否需要过后再重温呢？如果需要的话，大概隔多久、重看几次为好呢？

输入信息后的两周内输出3次以上，就容易形成长期记忆——这是大脑的记忆法则。"两周内输出3次以上"是一个大致基准，其实质是：大脑会把多次使用的信息判断为"重要信息"并留存在记忆里。换言之，不一定要输出，**进行反复输入也有助于巩固记忆。**

比方说，发生重大事件时，一天到晚的新闻都会进行报道。一天反复听同一条新闻，自然就会被记住了。

"听"这种输入方式，即使不做输出，只要在短时间内反复输入也能记住。一旦大脑判断为"重要信息"就会留存在记忆里，无论通过输入还是输出。

例如，一名高中生在电车里背英语单词。其实，最好的复习方法是把单词写出来，并用嘴巴念出来（输出）。但在满员电车里做不到，所以只得在大脑里回忆单词的拼写，这样也能起到一定程度的替代作用。

虽然输出才是"最好的复习方法"，但在没办法做到的情况下，用"重温""回忆"等输入方式进行复习也比什么都不做强100倍。

我坚持把工作会议、研讨会、听课记录、读书感想、电影观后感等整理成一本笔记。下一次工作会议时，我就利用其他人到场前的几分钟间隙打开笔记本，回看最近一两周的笔记记录。重新翻看上次工作会议或听研讨会的记录等，就能巩固记忆。

"两周内输出3次以上"改成"两周内输入3次以上"也能巩固记忆。每次打开笔记本都复习最近的记录，相当于"两周内重温了3次以上"，这样就很容易记住笔记本上所写的内容。

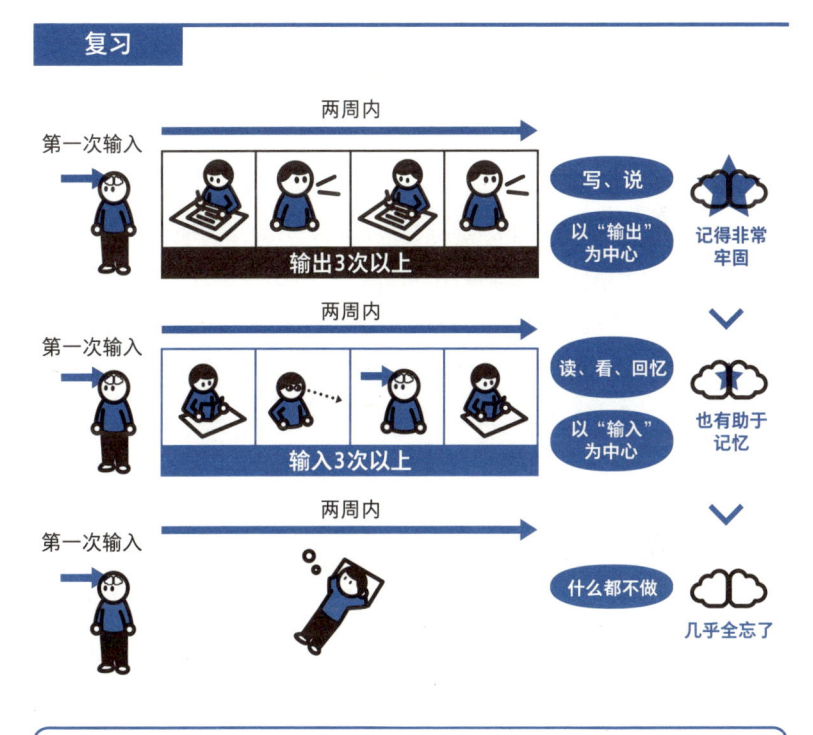

复习

第一次输入 → 两周内 输出3次以上 → 写、说 以"输出"为中心 → 记得非常牢固

第一次输入 → 两周内 输入3次以上 → 读、看、回忆 以"输入"为中心 → 也有助于记忆

第一次输入 → 两周内 → 什么都不做 → 几乎全忘了

> 开会时提前5分钟到场，用这段时间重温会议记录。

第四章　能把一切转化为自我成长的观察方法 WATCH

34 回看素材本

——培养创意的"笔记整理法"

做笔记不是为了"记录",而是为了"知识生产"——这是SHOWROOM社长前田裕二写的畅销书《笔记的魔力》(2018年幻冬舍出版)里的一句话。

笔记具有"记录、备忘录"和"知识生产"这两种功能,重要的是后者。我们应该充分地运用素材本,把它当作自己的"第二大脑"来积累创意和灵感。

笔记本的作用是"记录和记忆",而素材本的作用是"知识生产"。因此,素材本不需要像笔记本那样两周内重温3次。

我使用"素材本"的窍门就两个,非常简单。

(1)在没有灵感时看

因为是素材本,所以最适合在找不到素材的时候看。例如,正要给客户推送消息时,却苦于没有素材。我会翻开素材本,看看里面有没有有趣的点子,这时往往会发现很多素材。经常写博客的人,一定要在平时就积累素材。

你是否有过这样的经历——公司要求你于本周末提交策划书,但你绞尽脑汁也想不出半点创意。好的创意不是那么容易想到的,需要在平时预先积累,把可能对自己工作有用的信息或新闻记录到素材本里。这样的话,别人突然要你拿出创意时,你也能从素材本中找到灵感。

(2)每隔几个月整理1次

有空时整理一下素材本,几个月整理1次即可。

素材本里记录着杂七杂八的内容，例如"发现""创意""灵感""TO DO"（该做的事）、"当时觉得有趣的琐碎小事""可能用得上的新闻""关键词"，等等。

对其进行分类复印，归纳整理成一个表。或者打印出来，再把各种点子添加进去。通过这样的"整理"，会收获意外的发现，或引发"创意和灵感的连锁反应"。所谓创意，其实就是信息的组合和累加。

当初觉得"太琐碎了，但还是先记下来"的小创意，过几个月再看，有可能会发现它其实是个"了不起的创意"。

用专业术语来说，这叫"孵化"（Incubation）——就好像母鸭孵小鸭一样。搁置一段时间，小创意可能会变成更优秀的创意。

所以，过一段时间再回看和整理素材本，可以获得通往成功的绝佳创意。

回看素材本

积累创意 → 过了一段时间 搁置 → 回看、整理、分类

"太琐碎了，但还是先记下来吧。" → 孵化 → "了不起的创意！"

> 重新翻看去年的素材本，看能不能找到什么有趣的创意吧。

CHAPTER4
WATCH

35 看电视1

——把"单纯的娱乐"变成"宝贵的输入源"

听说现在的年轻人不太爱看电视了,实际真是这样吗?根据总务省发布的《信息通信白皮书》(2017年),所有年龄段的看电视时间为每天平均159.4分钟,而上网时间则为100.4分钟。10～30岁年轻人的上网时间是看电视时间的大约1.5倍,30～40岁大致相当,40岁以上的人看电视的时间多于上网时间。

20多岁的年轻人看电视的时间也有91.8分钟,多达1.5个小时。而日本人的平均阅读时间只有大约30分钟。因此,对日本人来说,

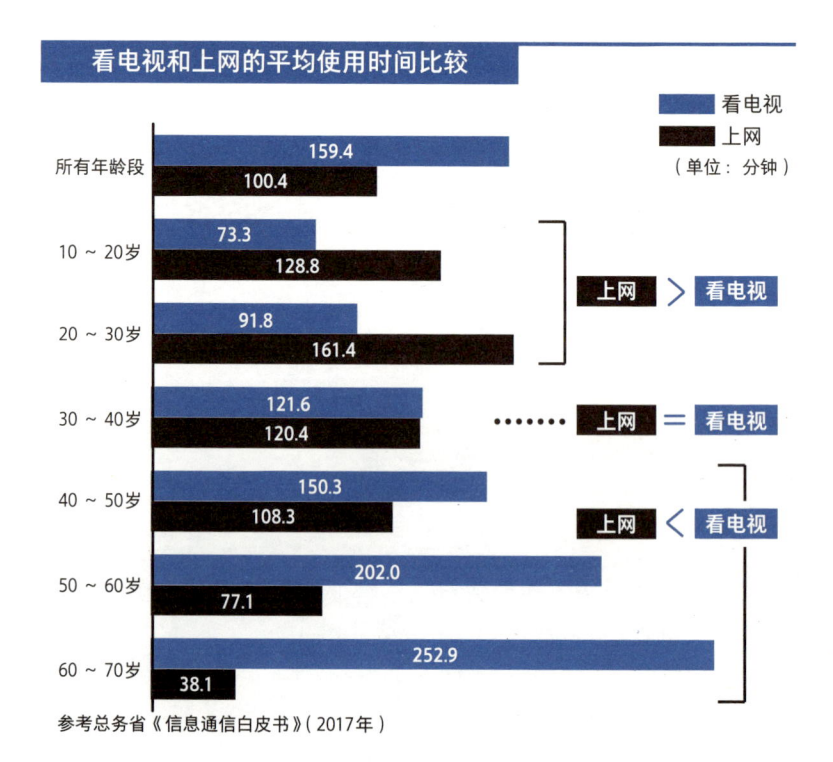

看电视和上网的平均使用时间比较

看电视
上网
(单位:分钟)

年龄段	看电视	上网	比较
所有年龄段	159.4	100.4	
10～20岁	73.3	128.8	上网 > 看电视
20～30岁	91.8	161.4	
30～40岁	121.6	120.4	上网 = 看电视
40～50岁	150.3	108.3	上网 < 看电视
50～60岁	202.0	77.1	
60～70岁	252.9	38.1	

参考总务省《信息通信白皮书》(2017年)

目前耗费时间最多的输入源仍然是"看电视"。

那么，如果有人问你："还记得三个月前看过的电视内容吗？"你能答得出来吗？如果是电视连续剧，你或许还记得情节，因为它会刺激情感。而每天看过的新闻或信息、综艺节目的内容，则几乎全都不记得了。

"不记得"就意味着只是"竹篮打水式地看"，对自我成长毫无贡献，只是浪费时间而已。

说起看电视，人们都把它视为"浪费时间"的代名词。然而，正因为我们每天看电视的时间长达2.5个小时，如果能把它变成宝贵的输入源，就具有足以改变人生的冲击力。

或者也可以减少看电视的时间，由此产生大量的自由时间。现在，我来告诉你，如何把"单纯娱乐""浪费时间"地看电视变成促进自我成长的"宝贵输入源"。

（1）以输出为前提看电视

不做输出的东西，大多数都会忘记。所以，只要看到"有趣的

同样是看电视……

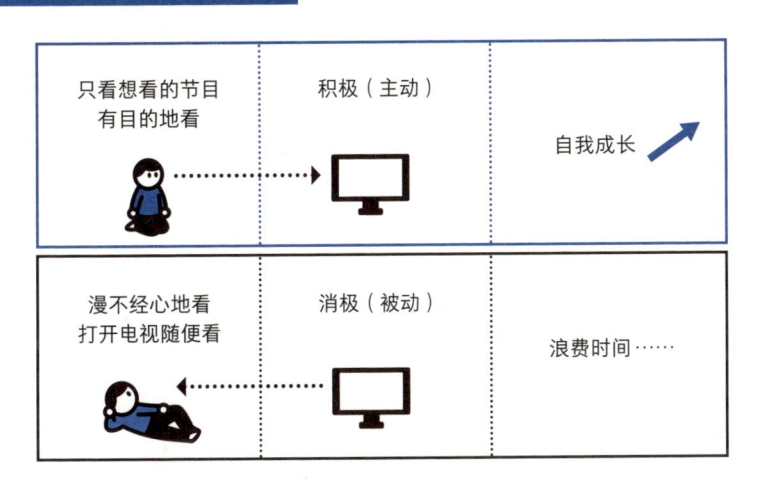

只看想看的节目 有目的地看	积极（主动）	自我成长 ↗
漫不经心地看 打开电视随便看	消极（被动）	浪费时间……

信息"或"启发",就一定要记录下来。而且,以输出为前提看电视,想着"看到有趣的信息就记下来",这样就会打开收集自己所需信息或有用信息的"接收天线",从"竹篮打水式地看"切换为"专心致志地看"。

我非常爱看《情热大陆》这部纪录片,每当听到片中人物说出打动人心的话时,就会马上记下来。然后发到推特或SNS上,或者添枝加叶地写成文章,推送给用户。有时还可以成为写书的素材。

漫不经心地看电视,电视就是"无穷无尽地剥夺时间的装置";运用"AZ法"看电视,电视就会变成"最佳的信息收集装置"。

(2)收集素材

刚开始写博客的人总会叫苦说:"每天写博客,哪有这么多素材呀。"其实,只要看一集电视节目,就可以写成一篇博客。例如:"昨天看过的电视节目上说××,但我觉得××。"像这样,"电视节目+自己的意见"就行。

电视是素材的宝库,你能从中免费得到电视节目工作者辛辛苦苦收集来的流行时尚和动向。这实在是太棒了!

然而,大多数人看电视时却只是"竹篮打水式地看",即使觉得某个节目很有意思,也会在看完后很快忘掉。在你觉得"这个地方很有趣"的瞬间,就应该立刻记下来——记在手机里或笔记本上都行,只记录关键词或一两行文字。只要坚持一个月,就能积累成一本内容丰富的素材本。

即便你不写博客,把这些当作"谈资"记录下来,也会给人以"话题丰富有趣"的印象,赢得别人的好感。"有趣的谈资"是沟通的润滑剂。

(3)有助于市场营销

写大家都想知道的东西,就能打造成畅销书;卖大家都想买的商品，就会成为爆款。抓住大众的心理和嗜好，对于市场营销必不可少。而这并不是一个人闷在房间里就能琢磨出来的。

电视节目是以"大众""大家""大多数人"为受众，因此能够贴近"大众的心理"。光靠一个人或一家公司去收集1000人的调查问卷，会耗费大量的时间和成本。而电视上正免费播放着这样的宝贵信息，没理由不拿来运用到市场营销上。

这时候，同样要以输出为前提。一旦看到可能有用的信息，就马上记下来。

电视是最好的输入源

关键在于行动！

用"以输出为前提"的方式看电视

关键在于行动！

关键在于行动！

> 改变对电视的固有认识，用"以输出为前提"的方式看电视。

第四章 能把一切转化为自我成长的观察方法 WATCH

36 看电视2

——运用魔法般的时间术，把电视变成促进自我成长的良友

看电视最大的坏处，就是会无限制地剥夺你的时间。不过，如果采取高效的看电视之法，就不会浪费时间。

（1）电视节目要录下来看

事实上，看电视并不完全是浪费时间。看自己很想看的节目，既能使人心情愉快，又是最好的娱乐活动，还有转换心情的作用。

但问题是，有时会因为惰性而没完没了地看那些"本来不想看的节目"。看完自己喜欢的节目后，紧接着看下一档节目的宣传片段，于是又忍不住继续看下去……大多数人都中了电视台的圈套。

有一个方法能防止意志力薄弱的人看那些"本来不想看的节目"——把节目录下来看。根据我的经验，除了新闻、体育比赛以外的节目我都是录下来再看的，效果显著——把看电视的时间缩减到了原来的三分之一。因为，录下来的节目，三档中有两档我都不会看的。

根据总务省发布的《信息通信白皮书》，"看录播"时间只占看电视时间的9.7%。大多数人都是看直播的。

（2）利用碎片时间看电视

在我看来，坐在电视机前"只看电视"是浪费时间。

我经常使用日本的电视门户网站TVer（http://tver.jp/）。像这种私营电视网站的主要节目在一周内可以免费观看，而且能在电脑和智能手机上看，所以也可以利用出行途中的碎片时间收看。

电视剧一集50分钟，坐电车下班回家途中刚好能看完。这样一来，在家里的50分钟就可以用来做更多别的事情了。

（3）一边做运动一边看电视

"一边做运动一边看电视"是我最爱的模式。我总是在健身房一边用跑步机走路，一边打开手机上的TVer应用软件看电视剧。在跑步机上走30分钟非常辛苦，又累又难受。但只要看着有趣的电视节目，60分钟一转眼就过去了。

看电视的"趣味性"中和了运动的"痛苦"。不同时看电视的话原本只能走30分钟，现在却能毫不费力地把运动量增加一倍，而且还感觉很快乐。可谓是魔法般的时间术。

电视机本身没有错，错的是漫不经心地、没完没了地"看电视方式"。

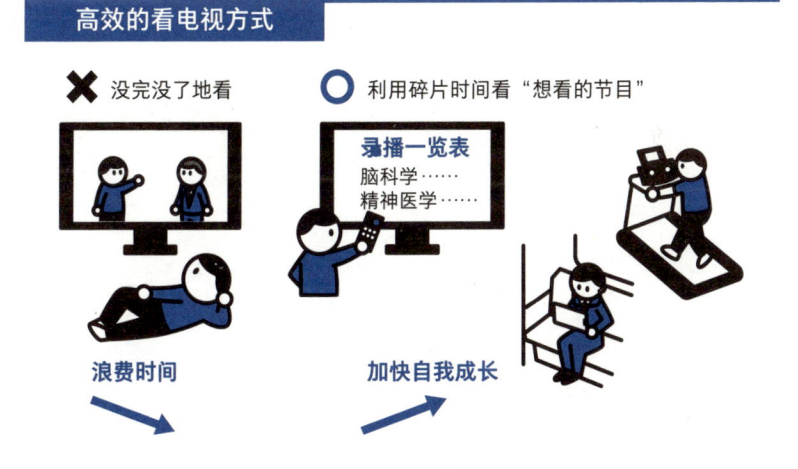

高效的看电视方式

✘ 没完没了地看 → 浪费时间

◯ 利用碎片时间看"想看的节目" → 加快自我成长

重播一览表
脑科学……
精神医学……

> 列出这一周"真正想看的节目"。

第四章　能把一切转化为自我成长的观察方法 WATCH

CHAPTER4 WATCH

37 看电影

——从"人生教科书"的大屏幕上得到启发

根据"NTT Com Research"的调查,最近一年内走进电影院观赏过电影的人占全体的35.3%。很多人把看电影视为一种娱乐,其实看电影还有各种好处。

以我为例,学生时代每年在电影院看200部电影,步入社会以后每年仍然要看100部左右。毫不夸张地说,没有电影就没有今天的我。

接下来告诉大家7个"桦泽式欣赏电影的方法"——运用这些方法,可以在欣赏电影的同时更加促进自我成长。

(1)走进电影院观看

我看电影基本都是在电影院。电影嘛,最好还是要到电影院去看。在日语中,电影叫作"映画"——投映出来的画面,只有投映到大屏幕上时才能使感动效果最大化。在电脑或手机上观看的话,就看不清楚演员的细微表情和背景里的小道具等。

而且,在电影院里和其他观众一起分享"笑声"和"反应",还能增加感动和趣味。看电影不只是视觉感受,而是一场包含了音效甚至是爆炸震感似的"体验"。五感受到刺激,感动就更强烈,更容易留在记忆里。

(2)要选对影片

看电影时,如果发现与自己期待的影片不一样,那可别提有多失望了。想必大多数人每个月最多也就看几场电影而已,因此,如果选错影片的话,难免会备受打击。从一部烂片中既学不到知识也得不到启发。换言之，选对影片很重要。

为此，首先，要参考"信得过之人"的意见。例如，志趣相投的朋友的意见、观影口味相近的影评人的推荐等都有帮助。

其次，平时就要明确"自己想看什么样的影片"。比如我喜欢看"震撼人心的影片"，碰到只有激烈动作场面的影片就直接跳过。

（3）跟别人一起去看电影，一起讨论

一起分享"感动体验"，肯定能够加深人际关系。所以，情侣、夫妇、亲子一起去看电影，看完后互相讨论观影感想是很好的。

互相讨论电影，不仅能加深对电影的理解，而且还可以了解对方看待事物的角度，进一步促进彼此的理解。

选对影片的方法

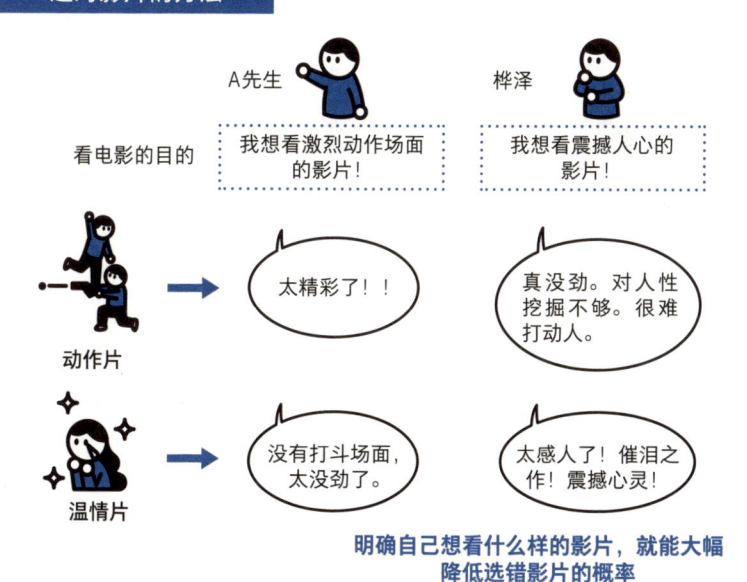

	A先生	桦泽
看电影的目的	我想看激烈动作场面的影片！	我想看震撼人心的影片！
动作片	太精彩了！！	真没劲。对人性挖掘不够。很难打动人。
温情片	没有打斗场面，太没劲了。	太感人了！催泪之作！震撼心灵！

明确自己想看什么样的影片，就能大幅降低选错影片的概率

第四章 能把一切转化为自我成长的观察方法 WATCH

（4）上网查自己没看懂的地方

我认为："电影结束的那一刻才是它的开始。"和朋友们一起讨论电影，或者上网查自己没看懂的地方，可以加深理解，改变自己看电影的视角、对电影的深入剖析以及评价方法。有的电影看完后觉得"无聊透顶"，但其实只是因为你没有留意到细节的妙处罢了。

一起分享观后感以及上网查相关资料的过程，也是自己通过看电影加深自我洞察的过程。最终会促进自我成长。不过，如果只是"看完就算"的话，对自我成长的促进作用就很有限。

特别是看电影时出现的"疑问"和"谜团"，尤其要认真解决。如今的时代，上网一查就必定能搜到相关的解说。解决了"为什么"的问题，将极大地拓宽自己的知识世界。

（5）试着揣摩剧中人物的心理（训练共感力）

经常有人在电影观后感中批评说："换作我的话，绝不会这样做。"其实，与其批评剧中人物，不如试着来揣摩一下："为什么他要做出这样的举动呢？"这个人的性格和背景与你不一样，所以自然会采取不同于你的看法和行动。这是一种"设身处地"的训练，很适合用来培养共感力，有助于理解、接纳与自己对立的其他人。

（6）思考人生

在日常生活中，我们比较少直面"活法"或"死亡"的问题。但是，大多数影片都会提到"活法"和"死亡"。看电影时，我们经常会这么想："我也想试试这样的活法。""为什么主人公最后自杀了呢？"……这是思考自己的人生和活法的绝好机会。

看电影就是体验别人的人生。看100部电影，就相当于体验了100个人的人生。

（7）写观后感（发布到SNS或博客上）

看电影也要运用"AZ法"，以写观后感为前提来看电影。

既然运用"AZ法"，那么看完后肯定需要引用，所以我们会有意识地记住台词，并且更关注电影的细节。通过写观后感，可以使影片中没看懂的地方更明确化，还能加深对人物心理的理解。

大学时期，我每个月看20部电影，而且每部作品都会写影评，发表在同人杂志上。总共写了有1000多篇吧，这很好地锻炼了我的写作能力和观察能力。今天，我之所以能成为作家，是因为我一直坚持"看完电影就输出"。

下面，我厚着脸皮来公布一下迄今为止看过的几千部影片的"生涯电影排行榜前10名"，以供你观影时参考。

桦泽紫苑　生涯电影排行榜前10名

- 👑 第1名　星球大战5：帝国反击战（1980年，尔文·克许纳导演）
- 👑 第2名　星球大战4：新的希望（1977年，乔治·卢卡斯导演）
- 👑 第3名　搏击俱乐部（1999年，大卫·芬奇导演）
- 第4名　千与千寻（2001年，宫崎骏导演）
- 第5名　穆赫兰道（2002年，大卫·林奇导演）
- 第6名　战国英豪（1958年，黑泽明导演）
- 第7名　盗梦空间（2010年，克里斯托弗·诺兰导演）
- 第8名　驱魔人（1974年，威廉·弗莱德金导演）
- 第9名　乡愁（1984年，安德烈·塔尔科夫斯基导演）
- 第10名　电锯惊魂（2004年，温子仁导演）

【注】每位导演只选取一部作品。

> 每个月挑几天在下班后顺路走去电影院吧。

38 看现场演出

——只有亲临现场才能获得的"感动体验"

脑科学家茂木健一郎先生说过：改变大脑机能的最佳方法就是"感动"。

"所谓感动，是指大脑激活记忆与情感系统，试图牢牢地把握此刻正在体验之事的意义。大脑竭尽全力地记录下此刻的体验，想要留下生命指针的痕迹。——可以说，感动就存在于这个过程中。"（摘自《感动的大脑》，茂木健一郎著，PHP研究所，2007年）

感动把脑回路重新接通起来，这种体验深深地留存在记忆里，能促发飞跃式的自我成长。这就是感动在脑科学方面的作用。

然而，在我们的日常生活中却很少能体验到"感动"。虽然有的书也能让人感动，但遇到这种书的概率比较低。我看电影时经常深受感动，但有很多人竟然"从来没在电影院看哭过"。

在日常生活中，最简单的感动方法就是去看"现场演出"。去观看戏剧或音乐剧，去大音乐厅欣赏音乐会，去小歌厅看现场演奏……一流艺术家的表演总能带给我们莫大的感动。

我最喜欢的音乐剧是《吉屋出租》。2005年我旅居芝加哥时看了电影《吉屋出租》而大受感动。不久之后在芝加哥有一场《吉屋出租》音乐剧的公演，我想方设法拿到了最前排的票。看完演出时，我哭得满脸皱纹。电影确实很精彩，但坐在最前排欣赏《吉屋出租》音乐剧的体验更加震撼心灵，这种具有冲击力的体验将使我永生难忘。

只有"现场"观看才能如此深受震撼，才能感受到表演者的能量和热情。正因为近距离地接收到大量非语言信息，所以才能深受感动。

很多人觉得自己"每天都过得单调乏味"。其实，就拿东京来说，每天都有数不尽的音乐剧、戏剧、音乐会、现场演奏会……能让你震撼心灵的"现场演出"，一定正在某个地方上演着，去不去观看完全取决于你自己。

现场演出的票价虽然很贵，从5000日元到1万日元不等，但却可以欣赏到几十位专业表演者苦练几个月的成果——这么一想，就觉得很划算了。

去观看现场演出，从中获得积极向上的活力与能量。让人生变得快乐而充实，其实比你想象的简单。

现场演出的功效

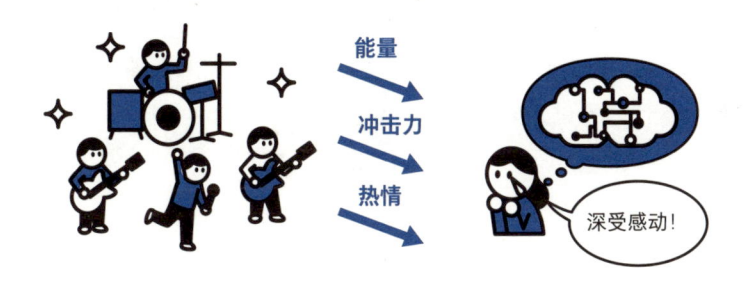

能量　冲击力　热情　→　深受感动！

> 打开演出售票的网页，看看有哪些感兴趣的演出吧。

第四章　能把一切转化为自我成长的观察方法 WATCH

CHAPTER4 WATCH

39 美术鉴赏1

——"艺术"能培养商务技能和创造力

梵高、弗美尔、蒙克、勃鲁盖尔、克里姆特……这些美术史上的一流画家的代表作接连在日本的美术馆公开展出,前来观赏的人排起了长龙。书店里摆放着一排排关于"美术鉴赏"的讲解书,连杂志也推出了美术展特辑……一时掀起了空前的"美术鉴赏热"。

根据内阁府做的关于文化艺术的问卷调查(2016年),最近1年参观过美术展的人只占全体的22.5%——也就是说,大约有八成日本人不去美术馆。这么多名画来到日本展出,我们却不去看,实在是暴殄天物。

说到美术鉴赏,可能也有很多人觉得"不太感兴趣"或"不懂如何欣赏"。不过,如果我说美术鉴赏具有"激活大脑""提高商务技能"等实际好处,你是否愿意去呢?

美术鉴赏有如下5个作用。

参观文化艺术展的情况(最近1年)

参观过美术展	22.5%	

	去过(合计)42.2%				不知道
参观过艺术展的人的"参观美术展情况"	1~2次 26.8%	3~5次 11.5%	6次以上 3.9%	没去过 57.5%	0.3%

参考内阁府《关于文化的问卷调查》(2016年),调查总人数1853人

（1）提高学习成绩

"智力高但创造力差的孩子"和"智力稍差但创造力强的孩子",哪一个的学习成绩更好呢?

关于"智力、创造力与学习成绩的关系"的研究结果显示:"智力稍差但创造力强的孩子"的学习成绩竟然更好。通过培养创造力,可以提高学习成绩——这就是所谓的"盖泽尔斯·杰克逊现象"。

要培养创造力,最有效的方法就是艺术鉴赏。

（2）培养适应AI时代的创造力

在美国,从奥巴马政府时期开始就制定了重要的"STEM教育"战略计划——名称取自Science（科学）、Technology（技术）、Engineering（工程学）、Mathematics（数学）的首字母。最近,还把Art（艺术）加入其中,变成了"STEAM教育"。这种教育是非常重要的。

要想进行革新,仅靠科学知识和科学思维是不够的,还需要从无到有地产生新创意的"创造力"。而这种"创造力"要通过艺术教育——在艺术鉴赏中接触艺术并创作艺术作品而进行培养。"创

哪一个的学习成绩更好?

智力高但创造力差的孩子　　智力稍差但创造力强的孩子

IQ105　60　　IQ95　100

"盖泽尔斯·杰克逊现象"——通过培养创造力,可以提高学习成绩。

造力"是人工智能最不擅长的领域，因此，是否能在科技日新月异的AI时代生存下去，取决于人类的"创造力"。

（3）激活大脑

从事商务活动时，主要使用大脑的语言区，但利用艺术可以激活大脑的非语言区。通过"面向商务人士的对话式艺术鉴赏"或"面向儿童的艺术培养方案"，可以提高大人和小孩的想象力、观察力、逻辑能力、计划执行能力、沟通能力和理解他人的能力。这一点已经得到证明。此外，艺术也因为具有"唤起情感"的作用而被应用于治疗阿尔兹海默症。

（4）治愈效果

根据意大利博洛尼亚大学的研究，参观美术馆2小时，就能使体内的压力荷尔蒙含量最多下降60%——90%的调查对象承认其情绪得到改善。另外，美术鉴赏还可以使人体分泌血清素和多巴胺。可见，美术鉴赏是具有治愈效果的。

（5）提高商务技能

美国的美术馆在早晨举办"面向商务人士的艺术交流会"等活动，吸引了许多公司高管前往参加。另外，近年来，金融机构职员去艺术学校留学的例子也越来越多。（参考：《公司高管们齐聚美术馆》，奥村高明著，光村图书出版，2015年）

在美国和英国的商务人士们的认知里，"艺术"是一项必备的商务技能。

学习艺术的第一道入口就是美术鉴赏。现在，人们关注的不再是纯粹作为爱好和娱乐的艺术鉴赏，而是用于培养商务技能和创造力的"艺术"。你不妨也去美术馆参观一下吧？

对于AI时代很重要的"STEM教育"

- **S** Science（科学）
- **T** Technology（技术）
- **E** Engineering（工程学）
- **M** Mathematics（数学）

＋

- **A** Art（艺术） → 能提高创造力、想象力、观察力、逻辑能力、沟通能力、共感力……

我推荐的日本美术馆

第1位 东京都美术馆（东京都）
这里的策划展太厉害了。梵高展、勃鲁盖尔展、蒙克展、克里姆特展……居然能带来如此多的世界一流画家的作品，实在令人惊叹。而且，这里不只展出作品，还能展现出画家的为人性格以及时代背景。我每次来这里都会深受感动。

第2位 大塚国际美术馆（德岛县）
自从红白歌会上直播了米津玄师在此演唱以来，大塚国际美术馆一举成名。其实，我在20年前就开始来这里参观了。上千幅世界名画用陶板完全再现，在别处根本不可能一次性看到这么多名画。尤其令人震撼的是，按原尺寸制作的《格尔尼卡》（毕加索）以及西斯廷礼拜堂天顶壁画。

第3位 宝丽美术馆（神奈川县·箱根）
地处箱根绿意盎然的森林之中，环境得天独厚。而且，以"箱根的大自然与美术的共生"为理念的建筑物本身就是一件艺术品。这里展出的梵高、莫奈、雷诺阿、塞尚、毕加索等著名画家的作品，数量之多足以媲美世界一流美术馆。如果去箱根的话，就一定要到这里看看。

第4位 冈田美术馆（神奈川县·箱根）
2013年开业的冈田美术馆还不太出名，但这里也是到箱根必去的美术馆。来到这里，首先会为场馆的雄伟和宽敞而惊叹。馆内最精彩的是喜多川歌麿的《深川之雪》。在这里，还可以一次性欣赏到葛饰北斋、伊藤若冲、圆山应举、尾形光琳、横山大观等大师级日本画家的作品。

第5位 三鹰之森吉卜力美术馆（东京都）
三鹰之森吉卜力美术馆毫无疑问是吉卜力影迷的乐园。这里的世界观充满了宫崎骏的热情，让我再次感受到他的伟大。我喜欢机器士兵所在的房顶。这里能让孩子领略到参观美术馆的乐趣，是最适合作为艺术启蒙地的美术馆。

周末，少去打一次高尔夫球，改成去美术馆看看吧。

第四章 能把一切转化为自我成长的观察方法 WATCH

40 美术鉴赏2

——听语音解说，加深对作品的理解

对于从没去过美术馆的人来说，就算想去参观美术展，也不懂得应该如何欣赏画作。接下来，我就讲授几点"有助于自我成长的参观美术馆的方法"，以供初次去美术馆的人参考。

（1）从著名的画家和画作入门

去参观美术展时，首先应该从著名的画家和画作入门。比如说梵高，可谓是无人不晓；还有蒙克的《呐喊》，大家肯定都曾经在什么地方看到过。

如果你直接跑去参观那些没有"入门级"作品的狂热美术展，就很难看懂，感受不到其中的趣味。

（2）借助语音解说

去参观美术馆和美术展，一定会有语音解说。初次去的人会觉得太贵而舍不得花钱。但参观美术馆时，语音解说是必不可少的。刚接触美术鉴赏的人，无论盯着画作看多久也很难从中获得信息。只有听解说，你才能理解"原来如此"。而且，如果不了解画家的生平经历和背景，就无法加深对作品的理解。

我是百分之百会使用语音解说的。

（3）买1本书看看

美术展的最后一个展室通常是出售纪念品和图书的区域。我建议大家，与其买纪念品，不如买1本书。既然有幸与这位画家相遇，不妨也看看他的其他作品的图片，以便进一步加深理解。

（4）参观完后分享感想

欣赏完美术作品，请一定要跟别人交流感想，分享心得体会。为此，我建议你和懂美术的朋友一起去美术馆。这样的话，即使是参观同一个展览，你也会惊讶地发现："原来还有这样的视角！"当然，把自己的感想发布在SNS或博客等平台上也属于高效输出。另外，面对面地听别人谈感想，还能触动自己的情感。从培养创造力的意义来看也是很有效的。

美术鉴赏虽然入门比较难，但在遇到自己"心仪的作品"的那一刻，肯定会感受到足以改变人生的冲击。这种震撼人心的感动体验，是无法从读书等文字信息中获取的。就用这种感动体验来加速自我成长吧。

美术鉴赏要注重"看完之后"

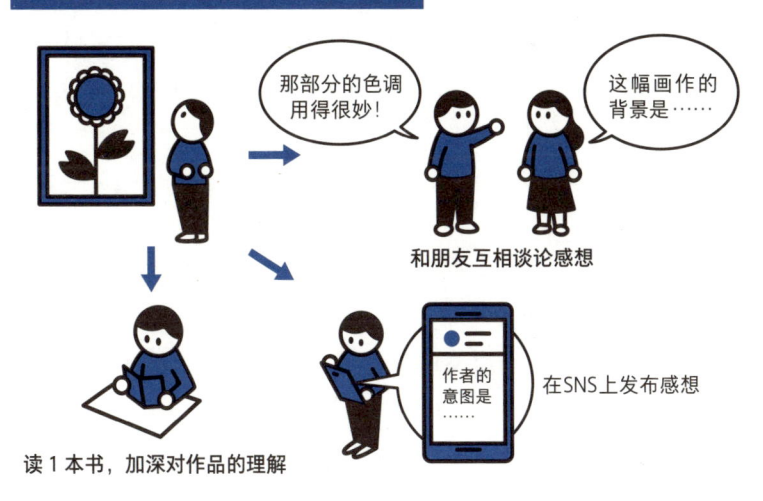

- 那部分的色调用得很妙！
- 这幅画作的背景是……
- 和朋友互相谈论感想
- 读1本书，加深对作品的理解
- 作者的意图是……
- 在SNS上发布感想

> 找到一位喜欢的画家，多接触他的各种画作。

第四章　能把一切转化为自我成长的观察方法 WATCH

41 欣赏自然风光

——在公园里午休，增加活力

最近很流行"正念减压法"（Mindfulness）和"冥想法"，但听说很难坚持下去，有超过八成的人半途而废。其实，有一种更简单有效的健康疗法，其效果可与"正念减压法"相媲美。

——欣赏自然风光，或者在大自然中散步。

根据千叶大学的研究，只要在森林中慢慢地散步，就能使体内的压力荷尔蒙减少16%，交感神经的活动减少4%，血压下降1.9%，心率也能减缓4%。在回答心理方面的问题时，实验对象表示获得了"心情舒畅，心神安定"的效果。

在日本医科大学的研究中，他们把东京的商务人员带到森林里去，3天时间里，让他们在森林中徒步郊游2～4个小时。结果他们体内免疫细胞中的NK细胞增加了40%之多，即使过了一个月后也仍然保持着增加15%的状态。

只要在大自然中散步，就能够获得放松、治愈、增强免疫力等多种效果。

尽管如此，住在大城市的人却很难经常到大自然中去。那么，城市里的公园行不行呢？

芬兰国立自然资源研究所做了一项研究，让上班族到"市中心""城市里设施齐全的公园""森林公园"三个地方散步30分钟，调查前后的身体变化。

在公园散步的实验组，缓解压力的程度和身体活力都有所提高，心情变得积极，消极情绪减少，创造力也有所提高，压力荷尔蒙中的皮质醇含量降低了。

由此可见，尽管"城市里设施齐全的公园"效果不如"森林公园"，但即便在公园里坐上15分钟，也能在一定程度上获得这些效果。

欣赏自然风光，或者待在大自然里，只要这样就能增加脑波中的阿尔法波，激活体内的血清素。

午休时，去附近的公园吃便当。只要在公园里待上30分钟，就能缓解压力，增加活力，使心情变得积极起来。这样，下午的工作效率自然会提高。这难道不是最简单的消除压力、转换心情的方法吗？

经证实，每个月只要在大自然中度过5个小时以上，就能获得非常明显的治愈效果。

午休时在公园里吃便当，周末出门到大自然中去——这么简单就能获得消除压力、增强免疫力的健康效果，不去做岂不是太亏了？

在大自然里就能获得治愈效果

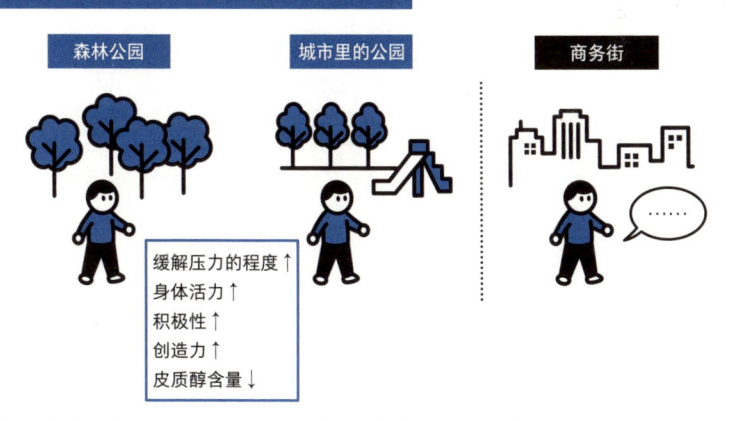

| 森林公园 | 城市里的公园 | 商务街 |

缓解压力的程度↑
身体活力↑
积极性↑
创造力↑
皮质醇含量↓

只要待在大自然里，就能增加阿尔法波，激活体内的血清素。
在城市的公园里也有效果。

> 找一个舒适的公园，在天气晴好之日去公园里吃午餐吧。

42 闭上眼睛

——把大脑从"看"和"读"之中解放出来

你通常会在休息时间做什么呢？

大多数人恐怕都在看手机吧——一到休息时间就从兜里掏出手机，要么收发短信，要么开始玩游戏。

然而，非常遗憾的是，从脑科学方面来看，"看手机"是最坏的休息方式。简单来说，这会使大脑疲劳，一点儿也起不到休息的作用，甚至适得其反。

据说，人的大脑将80%~90%的能量用于处理视觉信息。对着电脑工作的办公室文员，工作时几乎一直看着电脑，因此处理工作中的视觉信息已经使大脑疲惫不堪。

既然"看"和"读"已经使大脑疲惫不堪，那么在休息时间就应该把大脑从"看"和"读"之中解放出来。

那么，有什么休息大脑的好方法呢？——那就是"闭上眼睛"。

一旦进入放松状态，大脑内就会释放阿尔法波。睁着眼睛时，释放的几乎都是β波这种高频率的脑电波；闭上眼的瞬间，就会开始释放阿尔法波这种放松的脑电波。

在国际医疗福祉大学的研究中，分别进行了5分钟的"闭目养神""嚼口香糖""芳香疗法"，然后用光学测绘（近红外线测量装置）调查脑内血液流动状况。结果显示，"闭目养神"最能加速前额叶皮质的大脑血液流动，具有缓解脑部疲劳的绝佳效果。

只需要闭上眼睛几分钟，就能缓解脑部疲劳。用手帕等遮光则更有效果。

还可以用温毛巾遮住双眼，让眼睛休息，或者把头伏在桌子上。

闭上眼睛，什么都不去想，让大脑保持空白状态。从脑科学来说，这称得上是最简单而且最高效的休息方法了。

现代人醒着的时候，眼睛必定在看着某个东西。所以，至少在休息时间就应该闭上眼睛。

把大脑从"视觉信息"之中解放出来，让它好好休息一下吧。这样的话，能让你恢复专注力，大幅度地提高工作效率和学习效率。

理想的休息方法

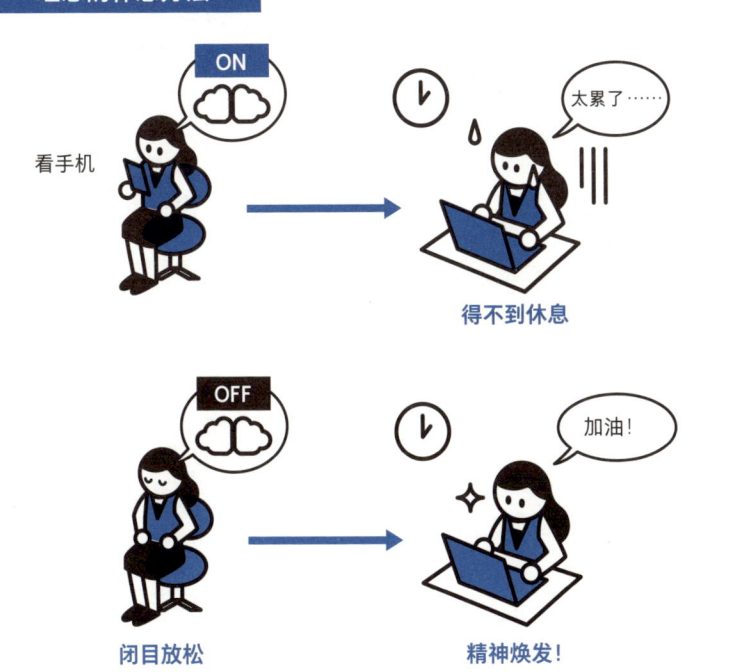

ON
看手机 → 太累了…… 得不到休息

OFF
闭目放松 → 加油！ 精神焕发！

> 戒掉"习惯性地看手机"的习惯，而在需要的时候才拿出手机来。

THE POWER OF
INPUT

第五章

最便捷高效的上网术

INTERNET

43 调整比例

——信息与知识的最佳比例是3∶7以下

信息与知识有什么不同呢？

在信息工程学界有一个"DIKW模型"，像下图这样分别定义了"数据""信息""知识""智慧"。

说得更具体一些吧。比方说现在这里有一份1年前的报纸，你阅读上面的内容，其中仍然有用的是"知识"，基本没用了的是"信息"。"信息"就像生鲜食品一样，越新鲜就越有价值，时间久了则会"变质"。

而对信息加以分析和解释后得到的"知识"，即使过一段时间也不怎么会变质。比如说，现在读一本3年前出版的商务书籍，仍然觉得"很有用"，正是因为书上写的是"知识"。

从网络和报纸上得到的主要是"信息"；从书本上和他人那里得到的主要是"知识"。

DIKW模型

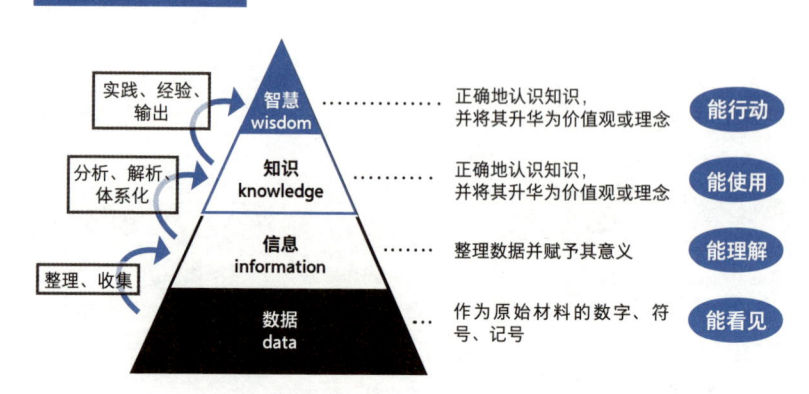

层级	说明	能力
智慧 wisdom（实践、经验、输出）	正确地认识知识，并将其升华为价值观或理念	能行动
知识 knowledge（分析、解析、体系化）	正确地认识知识，并将其升华为价值观或理念	能使用
信息 information（整理、收集）	整理数据并赋予其意义	能理解
数据 data	作为原始材料的数字、符号、记号	能看见

很多人每天花好几个小时看手机，以此输入信息，而且自以为是"信息灵通人士"。——这种输入方式正确吗？其实，即使你获得再多信息，几个月后还是会变质，失去价值。

超市快要打烊时以半价出售生鱼寿司时，如果贪便宜而买上10份，那就很不明智。因为它很快就会坏掉，就算冷冻味道也会变差。对于信息，只要收集能供"现在"品尝的所需分量即可。

在输入过程中，调整信息与知识的比例十分重要。根据我的实际感受，信息与知识的比例应该维持在3：7以下。能做到2：8或1：9更好。比如我就是1：9。"收集大量信息"的行为会占用很多时间，从而导致"知识"和"智慧"缩水。从网上收集信息应适可而止，要通过读书增加"知识"，通过输出提高"智慧"。比例合理的输入，才能最大化地实现自我成长。

"上网"和"看书"这两种输入方式的特征

	上网	看书
收获	主要是"信息"	主要是"知识"
鲜度	很快过时	能保持较久
可信度	良莠不齐	比较高
运用方法	必要的时候查询参考	平时读书吸收
比例	3	7

信息与知识的最佳比例是3：7以下

> 不必成为"信息灵通人士"，而要成为"有知识的人""有智慧的人"。

第五章 最便捷高效的上网术 INTERNET

CHAPTER5
INTERNET

44 使用邮箱

——合理地对待"次要工作",合理地使用邮箱

如今,工作中绝对少不了用到E-mail。使用谷歌Gmail的人应该不在少数。

Gmail刚面世不久的2010年(普及率才几个百分点),我就出版了日本第一部讲解Gmail的书《邮箱专家传授给你的Gmail工作术》(SUNMARK出版社)。这本书出版以后,Gmail得到迅速推广,如今它的普及率已经达到了60%。

现在,我这个"邮箱专家"就把自己的惯用技巧传授给大家。你每天花在邮件上的时间一定不少。如果能高效地使用邮箱,既能节约时间,还能迅速提高你的工作效率。

【使工作效率最大化的邮箱使用技巧】
(1)不要一大早就查看邮箱

一天当中专注力最高的时间段是"早晨"。早晨被称为"大脑的黄金时间段",可见这段时间的大脑性能是很高的。按工作时间来说的话,相当于早上开始上班的30分钟。这30分钟用来做什么,将决定一整天的工作效果。

这一最重要的时间段,大多数人都用来查看邮箱或短信了。难道没有比这更重要的工作要做吗?其实,应该先完成"主体工作",等稍有点疲劳时再来查看邮箱。

那如果有"紧急邮件"怎么办呢?既然如此,那就在上班途中的电车里或到公司后开始上班前的这段时间内处理完即可。非紧急邮件可以过后再回复。总之,早上查看邮箱和回复邮件,最多10分钟内就要处理完。

（2）不接收垃圾邮件

前几天，我走访一家企业的时候，看见有个员工正面对电脑做着简单重复的工作。我问他在做什么，他回答说："我在删除垃圾邮件。每天都会收到几十封垃圾邮件，要花时间处理，太麻烦了。"

要杜绝垃圾邮件其实很简单。只需先把收到的邮件发送到Gmail，让电脑里的邮件程序Mailer进行读取。这样一来，Gmail的垃圾邮件过滤器就会帮你筛选垃圾邮件，精确度达99.9%。

开始的1个月左右，需要让Gmail学习记住哪些是"垃圾邮件"。之后，它就能以99.9%的精确度帮你筛选垃圾邮件了。

（3）重要邮件放在文件夹里查看

邮箱的一个致命缺点就是"重要邮件"可能被埋没在大量邮件之中，导致"漏看"。有时，漏看邮件会造成严重的后果。

有一种方法可以防止漏看邮件，那就是：不在"收件箱"里看邮件，而在"文件夹"里看。以我为例，我就建立了"编辑"和"重要"这两个文件夹——和我有业务联系的所有编辑发来的邮件都进入"编辑"文件夹，来自其他商务合作伙伴或朋友的邮件都进

杜绝垃圾邮件的方法

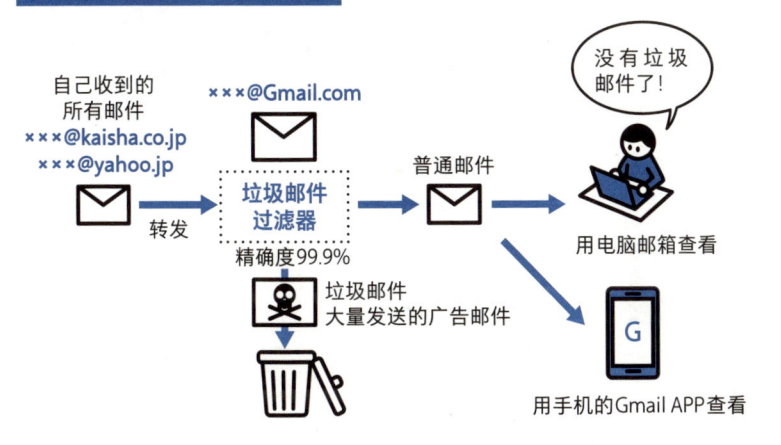

自己收到的所有邮件
×××@kaisha.co.jp
×××@yahoo.jp

×××@Gmail.com

转发 → 垃圾邮件过滤器 精确度99.9%

→ 普通邮件 → 用电脑邮箱查看（没有垃圾邮件了！）

→ 垃圾邮件 大量发送的广告邮件

→ 用手机的Gmail APP查看

入"重要"文件夹。

另外,来自咨询平台的新邮件则进入"咨询"文件夹。也就是说,其他进入"收件箱"的都是"不那么重要的邮件",只需1天1次在有空时浏览一下就行。

我的邮箱按"发件人邮箱地址"和"标题"严格设定了分类规则。早晨查看邮箱时也只需看"编辑"和"重要"文件夹就行。所以,算上回信时间,不到3分钟就能处理完。

(4)集中查看邮件

聚餐时,有的人每隔10分钟就瞄一下手机,查看邮件或短信。他们究竟在看什么呢?是不是担心发生什么突发事件,以至于10分钟之内不回复邮件的话公司就会倒闭?——这是不可能的。如果真的发生了刻不容缓的紧急事件,对方一定会打电话来,而不是发邮件。

邮件应该在某个时间集中查看。我总是在打开电脑和关电脑时

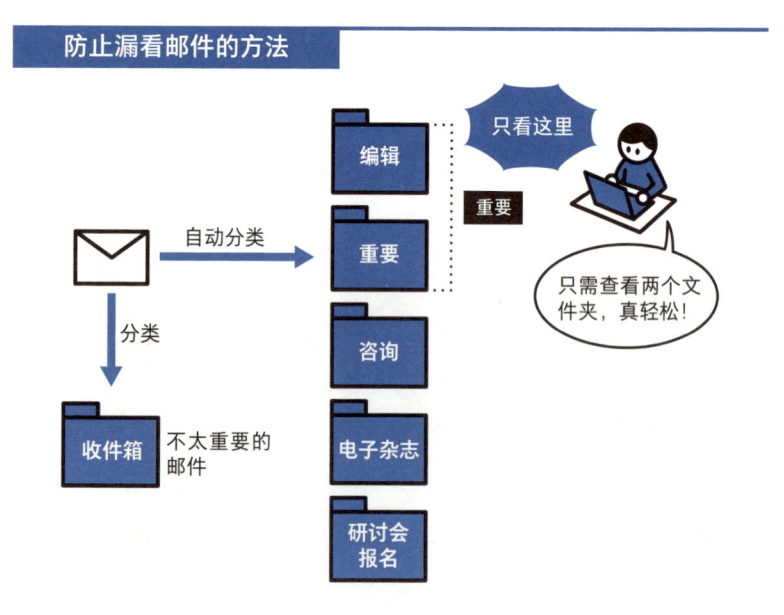

防止漏看邮件的方法

查看邮件，所以大概是每3小时查看一次。如果你想查看得更频繁一些，最多1小时1次就行。趁着上班休息时间顺便查看邮件，时机刚刚好。

光是打开和关闭邮箱就会花费一部分时间。与其10封邮件逐一查看10次，不如集中起来1次查看10封邮件，这样更能节省时间。

（5）关掉提醒

你的主要工作难道是查看邮件、短信然后进行回复吗？对绝大多数商务人士来说，邮件和短信只是一种工作上的联系方式，属于"次要工作"。如果因为这种"次要工作"而降低了"主要工作"的效率，那就本末倒置了。

例如，设置了邮件、短信"提醒功能"的人，工作效率一定会受到影响。

在美国密歇根州立大学的研究中，一个2.8秒的弹窗就会使工作速度降低一半，而4.4秒的弹窗更是使工作速度下降到三分之一。

即使不去看邮件或短信，时不时来一次"提醒"也会把工作效率降低一半。

关闭提醒功能，利用工作间隙专注力松懈的时间段查看邮件或短信，这样才是高效的工作方法。

> 不要沦为邮件的奴隶，要认识到它只是一件"工具"而已。

45 辨别信息

—— 对于信息的正确性，要经常保持质疑的态度

根据美国坎贝尔大学的研究，对维基百科上主要疾病的记述进行调查后发现：90%的页面存在谬误。连看似可信度较高的维基百科都有这么多错误，一般网站恐怕更加惨不忍睹。

在我这个精神科医生看来，网上很多写得言之凿凿的治疗方法其实明显有误，缺乏科学根据。

如果听信了这些错误的网上信息，很可能导致病情恶化，连本来能治的病也治不好了。这样是非常危险的，甚至危及性命。

另外，我也在YouTube上介绍了大量改善病情的方法和生活疗法。由此可见，网上确实也有很多书里没有的"非常有用的信息"。

换言之，网上既有"合乎科学的有用信息"，也有"毫无根据的虚假信息"。所以，阅览网络信息时，对于信息的正确性要经常保持质疑的态度。我们需要培养辨别信息真伪的眼力。

至少也应该确认两点："这信息来自哪个网站（是可信度高的网站吗？）"以及"是谁写的"？

作者不详的文章不具有信息价值，因为无法确认其可信度。如果写有作者名或网页版主名，只要搜索该名字，就能立刻知道他过去的业绩和评价。

用实名发表文章的人，如果写了不实信息将有损名誉，所以他写的东西往往会比较负责。而匿名或使用网名的人即使发布了虚假信息也没什么损失，因此可信度比较低。

我们还要养成区分"个人意见"和"有科学根据的事实"的思

考习惯。网上的大多数文章其实只是"个人意见"。接受"个人意见",明白"个人意见是多样化的",这样可以起到拓宽眼界的作用,但要明白这只是个人意见。

即使看似"有科学根据的事实",实则也有可能是从别的网站复制或引用过来的,因此必须注意。如果能找到原始文章、原始论文或数据当然最好,但大概很少人会这么追根溯源吧。

总而言之,网上信息可以随便"免费"查阅,非常方便。但也因此没人核实真伪,存在诸多虚假和错误,所以阅览时需要注意。这种意识很重要。

网上信息是否正确?

正确 ? 错误

确认这几点!
- ☑ 这个网站的可信度高吗?
- ☑ 这篇文章是谁写的?
- ☑ 这是个人意见吗?
- ☑ 这是有科学根据的事实吗?

要意识到"免费信息鱼龙混杂",合理地加以运用。

第五章 最便捷高效的上网术 INTERNET

CHAPTER5 INTERNET

46 关注信息发布人

——接收"专家"发布的正确信息

每天,大量的网络信息扑面而来。如果要一一判断它们是否正确,就得耗费一整天的时间。而且,对于"经济问题""国际问题""人工智能最新信息"等不属于自己专业领域的信息,自己也很难判断是否正确。

所以,虽说要具有"辨别信息真伪"的意识,但实际上只能由专家进行判断。"国际问题"就交给国际问题专家,"经济问题"就交给经济问题专家。一句话,关注可靠的信息发布人就行。

收集大量信息、去粗取精、判断正误、整理、总结、归纳、通俗易懂地传达出来——这一连串流程叫作"信息管理"。

对某个领域的信息进行整理、筛选,并发布重要而且正确的信息——这样的关键人物就是"信息发布人"。

信息管理需要具备专业知识和大量时间。现在,既然有人免费代劳,那么我们没理由不加以利用。

只需在推特或脸书上关注信息发布人,对方发布的信息就会自动推送到你的时间线上。

如果你关注了不同领域的10位信息发布人,那么对你重要的信息就会在筛选后推送到你的Twitter或Facebook的时间线上。这样,就会自动形成一份"属于你的报纸"。

打个比方,发布经济信息的人不计其数。有的人提供你需要的信息,有的人提供你不需要的信息,有的人可信度较高,有的人则不太靠谱。

你必须慎重选择关注哪一位信息发布人。其实,只要关注1个星期，阅读他发布的信息，就能判断他是不是自己需要的信息发布人。

比起"信息发布人是否出名""粉丝多不多"之类的问题，更应该关注"他是否能发布对自己有用的信息"，然后相信自己的直觉，积极地与他建立起联系。

什么是信息管理？

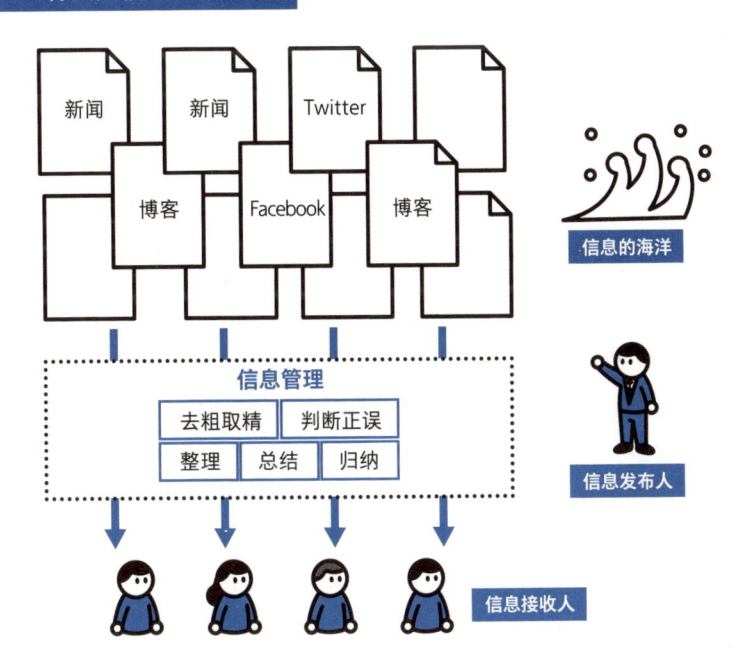

```
新闻  新闻  Twitter
   博客  Facebook  博客
```

信息的海洋

信息管理
- 去粗取精　判断正误
- 整理　总结　归纳

信息发布人

信息接收人

> 自己想详细了解某个领域，就找到并关注该领域的专家。

47 信息的"快递化"

——建立"收到自己所需信息"的体系

快递是"直接送到家里"方便,还是"自己到网点去取"方便呢?

当然是直接送到家里更方便吧。一般情况下,肯定不会自己到网点去取。

然而,不可思议的是,在互联网的世界里,大多数人却是自己去获取信息,满不在乎地浪费着时间。

在通过上网进行"输入"时,最应该戒掉的就是"网上冲浪"——随心所欲地、接连不断地浏览各种网站。在公交车上看手机的人,大多都是漫无目的地点开一个又一个APP,想看看有没有什么好玩的信息——"网上冲浪式"的输入。

即使浏览了10条消息,其中对你有用的恐怕还不到一成吧。就算有一成是有用的,那其他九成也是在浪费时间。浏览30分钟,其中27分钟是无用功。如果能只看自己所需的信息,那么只需要3分钟即可。使信息"快递化",就能实现这一点。

信息的"快递化"

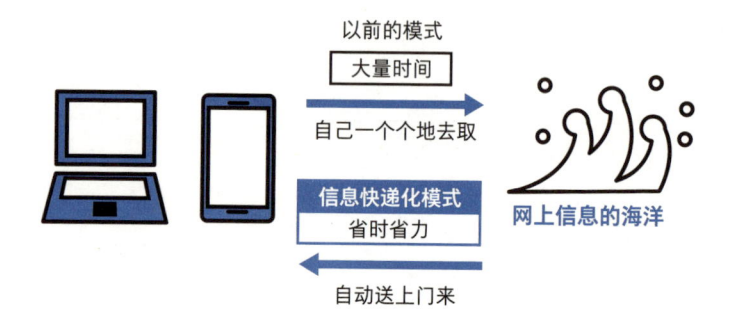

以前的模式:大量时间,自己一个个地去取 → 网上信息的海洋

信息快递化模式:省时省力 ← 自动送上门来

像快递一样，把"自己所需信息"发送到自己的电脑或手机来。这样可以省去查找和浏览"不需要的信息"的时间，从而把输入效率提高10倍以上。

"信息快递化"只需要设置一次，然后所需信息就会自动传送而来，极其方便。

（1）统一时间线

信息"快递化"最重要的一点，是把信息统一时间线。让所需信息全都发送到推特和脸书的时间线上去。我在前文说过的"关注信息发布人"也属其中之一。

统一时间线

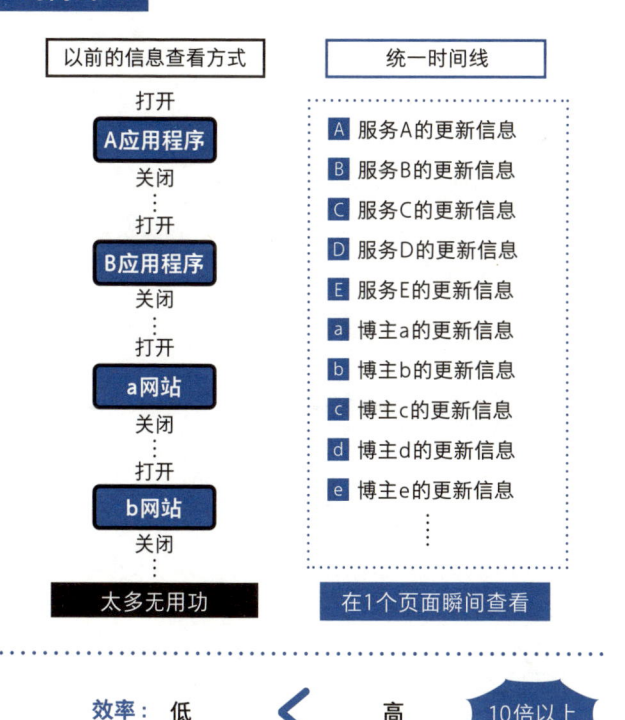

以前的信息查看方式	统一时间线
打开 → A应用程序 → 关闭 ⋮ 打开 → B应用程序 → 关闭 ⋮ 打开 → a网站 → 关闭 ⋮ 打开 → b网站 → 关闭	A 服务A的更新信息 B 服务B的更新信息 C 服务C的更新信息 D 服务D的更新信息 E 服务E的更新信息 a 博主a的更新信息 b 博主b的更新信息 c 博主c的更新信息 d 博主d的更新信息 e 博主e的更新信息 ⋮
太多无用功	在1个页面瞬间查看

效率： 低 ＜ 高　10倍以上

第五章　最便捷高效的上网术 INTERNET

举个例子，如果你想阅读某门户网站上的新闻，就关注它的官方推特账号。这样一来，该网站的更新信息将自动传送到推特上来。

如果想用手机看该网站的信息，就得下载专门的应用程序，逐一打开来看。如果你想阅览10个这样的网站（应用程序），那就必须依次打开10个应用程序。光是打开、关闭的操作就达20次。但只要把所有信息汇集到推特的时间线上，就可以省去这些麻烦。

（2）谷歌提醒

在谷歌数量众多的功能中，我觉得最方便的功能之一是"谷歌提醒"。不过，根据我的调查，使用谷歌提醒功能的人只有15%。本来是一项特别便利的服务，但却很少人知道。

这项服务是这样的：只要提前设定好关键词，谷歌就会把当天索引到的与该关键词有关的所有网页（文章）都发送到你邮箱里。

比如说，我设定了"威士忌"这个关键词。那么，今天更新的有关威士忌的新闻或博客文章等就会一网打尽地发送给我。

所以，<u>不需要自己搜索</u>。只需浏览一下邮件发送过来的一览表，阅览其中比较有趣的文章就行。这样就相当于只看"从精选信息中再精选出来的文章"，不会浪费时间。

谷歌提醒功能的使用方法

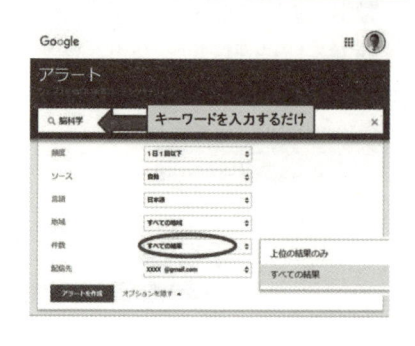

谷歌提醒
http://www.google.com/alerts

从"谷歌提醒"页面输入"关键词"，再点击"创建提醒"按钮就能启动，非常简单。
"数量"可以选择"仅限最佳结果"或"所有结果"。不过，还是选"所有结果"更方便，这样可以巨细无遗地收集到所有信息。

谷歌提醒推送的结果会全部保存在邮箱里，过后再一并阅览也可以。有了这个功能，就不可能出现"想写博客却缺乏素材"的窘况。

（3）RSS阅读器

很多人想要查看多个网站或博客，这样就需要多次重复按"打开"和"关闭"的操作，而且如果访问网站后发现"没有新信息"或"没有有用的消息"，那就无异于浪费时间。

想要查看多个网站的人，可以使用"RSS阅读器"。RSS阅读器提供这样一项服务：只要事先设定相关网址，它就会将该网站的更新信息集中发送给你。

只需浏览1个页面，就能一次性地查看几十个网站的更新信息。RSS阅读器有各式各样的，既有电脑版也有手机APP，请你一定要试试看。

设置"信息快递化"之后，信息将自动传送到你手中，并且把你所需的信息集中到一个页面上，从而让你从"打开、关闭APP"这种无聊的操作中解放出来，所以请务必试一下。收集信息的效率能提高2～3倍，用得好的话甚至能提高10倍以上。

> 告别"网上冲浪"，开始全自动地接收信息吧。

48 搜索

——最快捷地找到所需信息的诀窍

我在前文讲了"信息快递化"的内容。其中,唯一需要自己去获取信息的网上"输入方法"就是"搜索"。

信息的价值关键在于新鲜度。一个月前的新闻几乎毫无价值。所以,信息不是事先收集、保管、保存,而是"现在"收集"现在"需要的信息,以供"现在"使用。这样效率更高。这就是"搜索"。

我想,没有人不使用搜索,但擅长搜索的人却意外的少。下面我就告诉大家几个既方便又高明的搜索技巧。

(1)不懂的事情先搜索

"遇到不懂的事情时先用谷歌搜索。"这简直成了网络常识,但竟然还有很多人不是这么做的。我就经常被人问各种问题。明明花几秒钟时间用谷歌搜索一下就能知道,但却有很多人在联欢会上厚着脸皮来问我。

不懂就先搜索。——这是自我成长的基本法则。

(2)运用搜索指令(运算符)

搜索时有几个规则(指令、运算符)。运用搜索指令,即便是复杂搜索也可以在瞬间完成。谷歌的搜索指令多达几十个,我把其中一些比较方便有用的指令归纳如下。

(3)使用搜索选项

如果你觉得搜索指令"太麻烦""太难懂"的话,就请使用"搜

1 AND搜索

搜索"包含以下全部的关键词"的信息。词与词之间用空格隔开。

| 例 | 垃圾邮件　过滤器 | 🔍 |

| 例 | 输出　研讨会 | 🔍 |

2 OR搜索

搜索"包含以下任意一个关键词"的信息。词与词之间输入空格加"OR"（半角大写字母）。

| 例 | 输出　研讨会　OR讲座 | 🔍 |

（想查询关于输出的研讨会或讲座的信息）

3 NOT搜索

从搜索结果中排除关于某个关键词的信息。这个词的前面直接输入减号（"−"）。

| 例 | 涩谷　餐馆 − 中餐馆 | 🔍 |

（想查询除了中餐馆之外的涩谷的餐馆信息）

4 通配符

星号（*）可以用作"通配符"，用来替代模糊词语。常用于"想不起某个短语的一部分"以及"想搜索词语的多种变化形式"的情况。

| 例 | 对 * 弹琴 | 🔍 |

（忘记了"对牛弹琴"的"牛"）

5 语句搜索

把关键词放在""里，可以搜索完全匹配的语句。在搜索某个语句、台词、标题的全文时以及搜索英语时，就一定会用到这个运算符。

| 例 | "to be or not to be" | 🔍 |

索选项"吧。"OR搜索""排除搜索"用起来十分简单，只要在搜索框下的"设置"里选择"搜索选项"即可。

（4）选择目标信息的种类

谷歌搜索时可以选择信息的种类，如"全部""视频""图片""地图""购物""新闻"等。若想查找新闻则点击"新闻"，若

```
搜索关键词

包含以下全部的关键词    [          ]
顺序完全一致            [          ]
包含以下任意一个关键词  [          ]
不包含以下关键词        [          ]
时间范围                [          ]
```

是在找"图片"则选择"图片",这样就会显示限定的搜索结果。要想以最少的搜索次数找到自己需要的信息,就在开始搜索时先确定"信息的种类"吧。

```
全部    图片    新闻    购物    视频    更多
```

(5)图片搜索

选择"图片",就可以只搜索需要的图片。我稍微运用过这样一种图片搜索方法。

例如,想了解"信息与知识的区别"时,大多数人会用普通的方法搜索"信息与知识的区别",而我从一开始就将该关键词的搜索范围限定为图片。这样一搜索,就会出现对"信息与知识"进行比较的图表。

图表是视觉信息,所以只要看一眼就能理解其内容。接着,点开其中最简明易懂的图表的来源网站进行阅览。"简明易懂的图表"的来源网站的解说一定也是简明易懂的。

比起阅读文本,图片更直观、更容易理解,而且很快就能记住。

想了解某事时，先用图片搜索是十分方便的。

（6）指定日期范围进行搜索

"哎呀，发生地震啦！震中是哪里？"你一边想着一边用谷歌搜索"地震"，结果却只搜出以前的地震报道和新闻。这时，只要指定"日期范围"，选择"1小时内"，就会显示与刚刚的地震有关的消息。

点击"搜索工具"就会显示"指定日期范围"的选项，可以选择特定的时间区间。

```
√ 时间不限
  1小时以内
  24小时以内
  1周以内
  1个月以内
  1年以内
  ────────
  指定日期范围
```

（7）用词语组合搜索

用单个关键词搜索的精确度很差，经常会显示出与自己所需信息无关的内容。这时就要把2个或3个关键词组合起来输入。"主要关键词"是确定的，那么如何选择"次要关键词"就变得尤为重要，这将会影响搜索效率。

把自己想要的搜索结果的"类别标签"添加进去是很有效的，例如："意思""定义""总结""评价""经验谈""博客""方法""技巧""新闻""研究""论文"等。

> 巧妙地运用搜索方法，就能让自己所需信息出现在第1页。

49 高级搜索

—— 面向信息达人的网络使用技巧

接下来，我向大家介绍除了谷歌之外的其他网站的搜索技巧，以及更高级的搜索方法。

（1）直接在专门的网站搜索

需要搜索什么的时候，大家一般都会想到用谷歌搜索。其实，可以直接在专门的网站搜索——比如说，想查找视频就用YouTube，想查找某个词语的定义和基本信息就用维基百科……用这些专门网站的搜索框直接搜索，可以排除无关信息，更快找到需要的信息。

（2）用长句搜索

想解决特定问题时，可以把烦恼、问题、疑问直接输入为一句话，例如"电脑死机时该如何应对""打瞌睡时如何应对"等。

点击搜索，立刻就会显示出相关的解说页面。无论对于什么问题或疑问的答案，网上都能找到。

（3）用语音搜索

启动你的手机语音助手——苹果手机就说"Hey Siri"，安卓手机就说"OK Google"。然后问它"东京晴空塔一带的天气如何"，它就会用语音告诉你结果。这样既不用每次都点开搜索界面，还省了打字的麻烦，非常方便。

在谷歌的页面上也能点击"麦克风"图标，使用语音输入。不仅手机能用，电脑也可以轻松地使用语音输入，十分方便。最近，语音输入的精确度提高了，不擅长键盘输入的人用语音输入会快得多。

（4）搜索过去浏览过的网站

我们经常碰到这样的情况：1个月前在网上看到有一家"美味可口的咖喱店"，但过后却忘记在哪个网站看到的了。

搜索过去浏览过的网站其实很简单。从搜索框下方的"设置"里选择"历史记录"，打开"Google我的活动记录"界面。在这里搜索，就能显示过去访问过的网站。

还可以指定时间范围——如果你记得是"1个月前"，那么只要设置在当时的前后两周之内进行搜索，就可以进一步缩小范围。

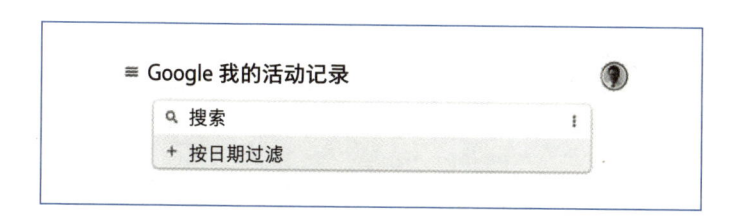

```
≡ Google 我的活动记录
  🔍 搜索
  ＋ 按日期过滤
```

（5）搜索附近的店铺

你是否有过这种经历：到一个陌生的地方，想找家咖啡馆却半天也找不着？这时候，你可以打开谷歌地图，在搜索框输入"咖啡馆"进行搜索，附近的咖啡馆就会全部显示在地图上。这样就能马上知道哪家咖啡馆离自己最近。

想在附近寻找"拉面馆""药店""酒吧"等特定设施时，这种方法非常方便。当然，输入"厕所"也可以搜索到附近的公厕。

（6）站内搜索

我们经常要搜索某个网站内的所需信息。大型门户网站都有"站内搜索"的窗口，但一般的博客页面可能就没有。

这种情况下，可以用"site:URL 关键词"进行搜索。如果想搜索我的博客里关于"睡眠"的文章，只需用谷歌输入"site:https://kabasawa3.com/blog/ 睡眠"即可。

(7) YouTube频道内搜索

我在自己的YouTube账号"精神科医生桦泽紫苑的桦频道"上传了2000多个视频。但有人觉得:"因为视频数量太多,很难找到自己想看的视频。"

这种情况下,可以使用"YouTube频道内搜索",但好像很少人知道这个功能。点击频道名称左侧的头像图标,进入"频道首页",点击"首页 视频 播放列表……"右侧的">",会显示出一个"放大镜"按钮,点击它,再输入关键词,就可以搜索该频道内的视频。

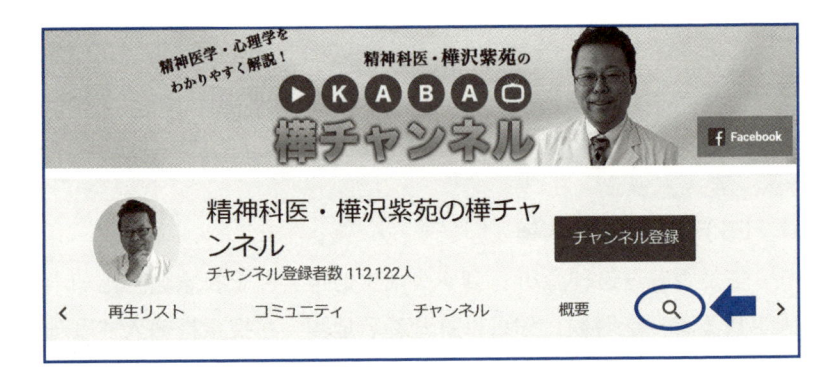

(8) 谷歌学术搜索

https://scholar.google.co.jp/

这项功能的搜索对象是谷歌内的学术论文,对于那些写毕业论文、学位论文等论文的人来说是必不可少的。可以方便地收集到可信度较高的资料。

(9) 谷歌图书搜索

https://books.google.co.jp/

这项功能可以搜索图书全文,可以查找那些重点写了自己所需内容的图书,对查找引用文献和资料的人来说非常方便。

（10）PubMed医学论文搜索

https://www.ncbi.nlm.nih.gov/pmc/

这里将所有生物医学、生物化学方面的英语论文储存到了数据库中，是科学研究人员每天都会访问的网站。如果你要查找医学方面的论文，这个网站是不二之选。

（11）计算器功能

1426-381=？——当你想要马上得到计算结果时，会怎么做？想必很多人会打开计算器界面进行计算。其实，只要在谷歌的搜索框中输入"1426-381"，然后按下回车键，就会显示出计算结果。由于谷歌自身内含计算器功能，因此没必要特意打开计算器的应用程序。

（12）货币换算功能

打个比方，你在欧洲旅游时，想要买一件价值65欧元的商品。你想知道65欧元实际相当于多少日元时，会怎么做？首先，你可以搜索到1欧元相当于122.7日元，然后再用手机上的计算器APP计算65×122.7等于多少。

——其实不必这么麻烦，只要在谷歌的搜索框中输入"65欧元"，按下回车键，马上就能显示出换算结果"7975.39日元"。去国外旅游时，这项"货币换算"功能非常方便。

提高搜索技巧，可以大幅缩短"输入"的时间。搜索，是最强大的时间运用术。

> 摆脱"谷歌依赖症"，学会运用各种搜索网站。

CHAPTER5 INTERNET

50 存储

—— 网上的信息"保存为PDF文件"

在网上浏览各种网站，总会遇到自己觉得可能有用的信息。这时，你会如何保存它呢？

收集到的信息要如何保存和存储？大多数人可能是把网站保存为"书签"，即保存它的网址。但保存书签的方法并不适用于存储信息。因为很多新闻网站的信息都是有时限的。

"印象笔记"（Evernote）是一款有名的存储信息的工具。这款软件不仅可以保存网页，还能存储笔记、记录、记事本、图片、PDF等各种文件，而且随时能搜索调取出来，十分方便。对于用电子设备做笔记或记录以及每天都要保存大量文件和网站的人来说，是非常好用的。

网上的信息"保存为PDF文件"比较方便

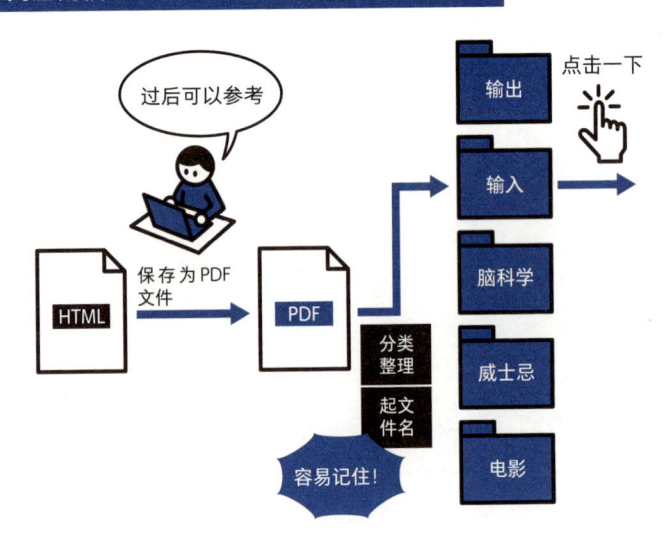

如果只是"保存网页"的话,"打印成PDF文件"就足够了。在网上看到有趣的文章时,就用"打印成PDF文件"保存到指定文件夹。你需要预先给自己觉得重要的各个类别新建文件夹,把PDF文件保存到相应的地方。

　如果用普通方法在电脑上保存网页,会产生一个"HTML文件"和一个"包含图片在内的文件夹",管理起来相当麻烦。但如果"打印成PDF文件",就可以把网页当作一份文件来处理。

　把网页变成PDF格式之后,就可以当作普通的电子文件来处理。例如,当你在网上发现一篇关于"输入"的研究论文时,就把它保存到"输入大全"—"输入大全资料"文件夹。与"输入大全"有关的资料全部都保存到这个文件夹,用到时只需打开这个文件夹即可。这样就不需再费时搜索,可以节省很多时间。

　需要注意的是,保存时要起个合适的"文件名"。如果用一串符号或网址作文件名,那过后查找起来就麻烦了。

　用手机浏览网站时,截屏功能简单好用。截取的图像会被保存到"截屏"文件夹,成为你的"素材本",不断地进行积累。

> 信息存储的原则是"统一化"。网页全都保存为PDF文件。

CHAPTER5 INTERNET

51 分享

——这种输出方式,既能获得感谢,又能促进自我成长

网络信息的"输出方式"是什么呢?

——网络信息的"输出方式"是"分享"。

看到有趣的新闻、博客文章,就把它转发到推特(RT),或者分享到你的脸书。这时,如果附上一两句评论或感想,就会形成强烈的"输出"。——我对这篇文章有何感想?这篇文章的哪个部分使我产生共鸣?……附上一两句评论或感想,就能极大地加深记忆。

另外,和前一节的"存储"类似,经常分享"有趣的文章"还能使自己的推特和脸书变成收集信息的剪贴簿。过后再回看时,就是很好的"素材本"。

分享之后,别人会在下面作出评论。有人感谢你"推介了好文章";有人表示"自己也有同感",或者还会进一步展开讨论。

换言之,只要对别人的评论进行回复,就能实现"两周内输出3次以上",巩固记忆。

分享的作用

你分享的文章下面,别人会作出评论。你对评论进行回复,形成输出,就能记得更牢。

而且，自己对于分享文章的评论或感想也会写得越来越长。可以长篇大论地阐述自己的意见，也可以写自己对这篇文章的分析或洞察——这其实就是在"发布信息"了。越经常分析信息，就越能把信息转化成"知识"，牢牢地留存在记忆里。

发现有趣的文章时，是"自己存进书签"还是"分享出去"——这两种做法的记忆效果相差了好几倍。即使存进书签，自己也会很快就忘掉。

我发在脸书上的文章，有的尽管收获了100多个"赞"，但分享次数却只有2～3次。可见大多数SNS用户都不太分享。我觉得，分享应该多多益善。

分享就是"把有用的资讯告诉别人"，所以别人自然会感谢你。既能获得别人的感谢，又能促进自我成长——这个一举两得的方法就是"分享"。

分享能加深记忆的原因

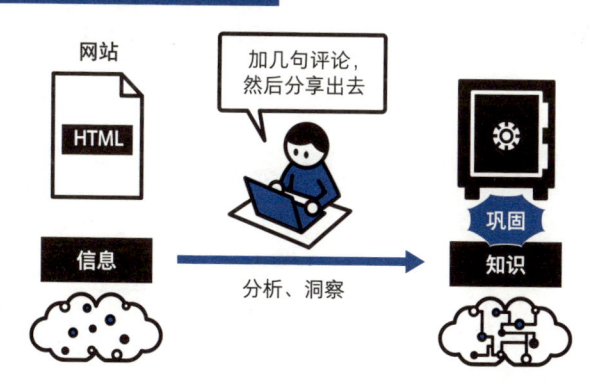

网站 HTML

加几句评论，然后分享出去

信息 —分析、洞察→ 巩固 知识

> 自己觉得好的文章就分享出去吧。
> 略有"多管闲事"之嫌也无所谓。

CHAPTER5
INTERNET

52 用图片做记录

—— 用图片代替笔记来管理电子信息

"有什么新发现时,就在30秒内把它记录下来吧!"话是这么说,但在外出途中等情况下,实际操作起来很难,而且非常麻烦。

这时候,就该"图片"大显身手了——用手机拍照,作为"图片"记录下来。用图片代替"笔记"。

另外,如果看到感兴趣的网站,保存进书签的同时进行截屏,将页面直接保存起来。

对于特别重要的图片记录,只要放进"收藏"里,过后随时可以查看。

图片拍摄几乎不花费什么时间,而且随时可以调取出来看。所以,只要善于运用,就能成为"缩短时间""提高效率"的有力武器。

利用手机对资料进行电子化管理

纸质资料保管起来很麻烦,查找也不方便。

手机截屏

20190513
会议记录

20190625
碰头会

图片记录的使用方法

（1）会议摘要、会议记录
会议上分发的资料和会议记录，整理和保管起来很麻烦。但在很多情况下，前一次的会议记录又是必不可少的。如果对纸质资料进行电子化管理，就会变得非常方便。
用手机拍摄的照片会自动关联"地点"。所以，只要在相册的"拍摄地点"中选择自己公司的会议室，就可以按时间顺序查看在这间会议室里拍摄的照片——之前的会议记录。而那几张纸质资料，拍照之后就可以扔掉。电子化管理的资料，"回看"和"查找"都会快得多。

（2）餐馆的菜单
每次去餐馆吃完饭，都有一份当天用餐的菜单。把这个拍下来，和菜肴的照片保存到一起，以便于过后回顾。

（3）新开的店、想去的店
当你在街上发现"新开的店"或"顾客多得排长龙的店"，就可以拍下来。然后，就会自动生成"想去的店的目录"。

（4）电车里悬挂着的广告、书的广告
当你在电车里看见悬挂着的"令人心动的广告语"时，就把它拍下来。当你在电车里的广告上看到感兴趣的书，也可以先拍下来，回头再考虑是否要买。

（5）时刻表
把常用线路的地铁、公交车的时刻表也拍下来放进"收藏"里，使用起来就很方便。用手机上网查看时刻表时也可以截屏保存。

（6）地点、时间等重要信息
例如，收到通知参加碰头会的邮件。其中"5月16日，15时30分，涉谷××大厦5楼"之类的信息很可能会再次查看确认，可以截屏保存为图片。因为查看图片比在邮箱里搜索快得多。

（7）报纸、杂志等纸质媒体
阅读纸质报纸、杂志等时，如果看到感兴趣的报道就拍下来。用手机阅读电子报纸、电子杂志时也可以截屏。

（8）网站记录
用手机浏览网站时发现了感兴趣的信息时，立刻截屏保存，无须犹豫。

> 无论工作还是私人活动，一旦约好了日期和时间，就立刻截屏记录下来。

CHAPTER5 INTERNET

53 视频的用途

—— 除了"娱乐"还有无限可能

很多人都经常在网上看视频。根据某项调查，10～30岁年轻人中的YouTube使用率为95%，每天都看YouTube视频的人多达70%。所有年龄段的YouTube使用率也达到了77%，比例非常高。

年青一代认为，不看电视而上网看视频是再正常不过的。视频成了他们重要的信息源。

不过，他们使用YouTube的目的主要是"消遣"（78%）和"娱乐"（41%）。至于经常看的视频内容，"综艺"和"音乐"比重最大，而看"外语""学习""知识""信息"的却非常少。

由此可见，以YouTube为代表的视频还有着无限的可能性。

我也是一个拥有10万粉丝的YouTuber（up主）。接下来，我就把

"桦频道"播放次数排名前10位的视频

	视频标题	播放次数
第1位	抑郁症治不好的人的共同点	79万次
第2位	瞬间辨认"不可靠之人"的方法	55万次
第3位	内心变坚强的方法	54万次
第4位	轻易消除不安情绪的方法	38万次
第5位	抑郁症的确认方法——只需问2个问题就能诊断99%的抑郁症	30万次
第6位	职场的人际关系不可深交	27万次
第7位	和讨厌之人打交道的方法	26万次
第8位	一天治愈感冒的方法	25万次
第9位	瞬间辨认"可靠之人"的方法	25万次
第10位	哪种性格比较容易患精神疾病？	23万次

（截止到2019年6月）

YouTube除了"娱乐"之外的其他用途告诉大家。

（1）充分利用学习、教育方面的视频

在YouTube上有很多关于学习、教育方面的内容，例如：英语会话等学外语的视频、面向考生的学习方法的视频。

俗话说："百闻不如一见。"在很多时候，阅读文字理解不了的东西，一看视频就能很快理解。书和网上的文字只能传达"语言信息"，而视频却能传达"视觉信息"和"听觉信息"等非语言信息，所以信息量会多得多。

从学习效率来说，视频位于"书籍"之上、"面对面交流"之下。但买书要花钱，去参加研讨会或讲座也价格不菲。

但是，不知道为什么，那些可以编写成书的丰富内容，以及在现实中花钱举办的研讨会或讲座的部分内容，竟然在YouTube上免费公开。

视频的内容和书一样甚至更为优秀，学习效率也高，而且还免费。通过视频进行学习可以说是性价比最高的"学习方法"和"输入方式"了。我们没有理由不加以利用。

（2）学习解决问题的方法

美国做过一项关于YouTube使用情况的调查。对于"什么时候需要看YouTube视频"这一问题，51%的人回答"想了解如何做好从没做过的事"——这个数字比回答"打发时间"的28%高得多。

所谓"想了解如何做好从没做过的事"，是指观看者想查询"如何做菜""如何锻炼肌肉""如何操作电脑和手机""如何系领带"等。

YouTube也被称为"第二大搜索引擎"。当你想查询某些方法时，不用谷歌而用YouTube搜索，通过看视频就能解决。YouTube也是可以当作"雅虎智慧袋""百科事典"来使用的。事实上，这里上传了能帮助解决各种困难和疑问的视频。

包含了图片和声音的视频信息量更多，比单纯的文字信息更浅显易懂。

（3）缓解心理问题和烦恼

看视频可以解决很多关于"操作方法"的实际问题。其实，在心理问题方面，也可以通过看视频来消除大部分的烦恼和压力。

我的YouTube频道"精神科医生桦泽紫苑的桦频道"的开设目的就是："通过消除内心的烦恼和不安，来减少日本人的精神疾病和自杀行为！"

"桦频道"上传了关于"如何消除内心的烦恼、不安、压力"以及"如何预防和治疗精神疾病"的2000多个视频，粉丝数量超过了11万人。

可能有人会反驳说："跑了3年医院都没治好的抑郁症，看看视频就能治好吗？"——即使治不好，也可以通过看视频消除90%以上的不安和压力。

事实上，我收到过很多表达感谢的邮件，比如说："看视频拯救了我""我打消了自杀的念头"，等等。

关于精神压力有多种定义，其中一种是这样的："觉得自己无法控制。"

换言之，"没有办法"的状态就是压力，而意识到"有办法"的那一刻，压力就会消除。也就是说，只要学习解决办法和应对方法，认识到"可能会有办法"，大部分压力都是可以消除的。

养成通过视频查询"应对方法"和"解决方法"的习惯。只需这样做，就能使"觉得走投无路"的压力消失不见，使内心变得轻松起来。

"桦频道"帮你解决问题

精神科医・樺沢紫苑の ▶KABA□ 樺チャンネル

上传了关于"如何消除内心的烦恼、不安、压力""如何改善睡眠和运动、保持健康""如何预防和治疗精神疾病"的2000多个视频。

请别错过了每天更新的YouTube视频

扫码看视频、订阅频道

> 当你有烦恼的时候,不妨通过视频网站搜索解决方法。

54 阅读杂志

——只需用低廉的价格，就能获得关于最新流行时尚的知识

从信息输入的意义来看，"阅读杂志"也是不可或缺的。因为，杂志上登载着全方位的最新信息，而且有很多插图，浅显易懂。可谓物美价廉。

在五花八门的杂志中，我经常看的是《周刊东洋经济》、《周刊钻石》、《PRESIDENT》、《日经商业》等商业杂志。通过这些杂志，可以轻易地输入商务人士必备的最新知识。希望大家也能充分利用。

【阅读商业杂志的好处】

（1）了解最新的热点和时尚

一本书的面世，从选题通过到出版需要半年到1年的时间。而杂志则是在发行前两三个月开始准备，比书更灵活、更容易把握最新热点。

（2）信息与知识之间

从网络和报纸上获取的是"信息"；从书里获取的是"知识"；而从杂志上获取的位于二者之间，稍微偏向"知识"。在了解最新信息的同时，还能获得与"知识"相近的价值。

（3）可以全方位地输入

商业杂志的专刊，取材自10～20位专家的访谈。也就是说，内容丰富而全面。而且，在很多时候，它会把赞成派和反对派两方的意见摆上来，并站在"中立"的视角上进行编辑，立场比较公平。

（4）浅显易懂

商业杂志里有很多图片和照片，文字比较少。所以，"不擅长阅读文字"的人也能很直观地理解内容。

【商业杂志的阅读方法】

（1）以输出为前提

商业杂志好读易懂，但缺点是读完很容易忘记。我们必须以输出为前提进行阅读，有什么"感悟"和"发现"就要认真地输出。

（2）通过读书加以深化

商业杂志的优点是"内容广泛而全面"，因此难免也会有"内容肤浅"的缺点。为了弥补这一缺点，应该买1本书回来补充。

我看杂志用的是手机里的包月畅读APP，在乘坐电车的途中看。400～500日元包月，可以畅读几百本杂志。对于每月购买两本以上杂志的人来说是绝对划算的。

> 通过运用杂志畅读APP，全面地了解社会。

55 看新闻

——80%的新闻是对自己没用的

说到底，我们真的有必要看新闻吗？

我不看电视新闻，也不看报纸，就这样生活了很多年，一直都过得好好的。而且，还经常被人称赞说："你很了解最新的信息嘛。""你居然连这都知道。"

我看的是脸书的时间线。如果发生了什么重大新闻，一定会有人分享并附上说明。所以，我只要浏览时间线3分钟，就可以充分"输入"当天的新闻。另外，我虽然不看新闻，但平时会读很多杂志和书，所以能充分吸收知识和信息。

看电视新闻尤其不好，净是些负面新闻，不看可能更有益于心理健康呢。

对于从事股票和金融行业的人来说，《日经新闻》也许是每天必读的。但对于其他行业的人来说，也许就没什么用。又比如说，"体育比赛的结果"对于营销人员来说也许是很好的谈资，但在对体育不感兴趣的人眼里却毫无价值。

也就是说，只需要看那些与自己公司的业务或自己的职业直接相关的东西。只关注自己所在领域的新闻即可。

我们的"时间"和"大脑资源"是有限的。一旦被新闻占用，就无法输入其他信息或知识了。

所以，不要漫不经心地"看新闻"，而应该认真地进行取舍，思考一下：这条新闻对于你的人生是必不可少的吗？它加速了你的自我成长吗？

看电视新闻的坏处

（1）负面新闻很多
日本的新闻节目大多数都是负面新闻。
每天看这样的新闻，就会加重消极思维，对未来不抱希望。节目本身的制作套路就是煽动观众的不安情绪，它只会加重你的不安和担忧。

（2）最多只有20%的新闻是对自己有用的
新闻节目会巨细无遗地播报各个领域的新闻，例如：国内动向、时事、政治、经济、国际问题、天气、体育、娱乐等。10条新闻里面，最多只有2条是自己想了解的。也就是说，浪费了80%的时间。

（3）观点有失偏颇
电视新闻的报道并不是公平、中立的，而是带有很强的倾向性。经常看这些新闻，就容易被偏颇的观点洗脑。而网上的新闻很少加入拙劣的解说和评论，所以会中立得多。

（4）破坏大脑的黄金时间段
早晨的新闻、资讯节目尤其不可以看。起床后的2～3个小时是专注力最高的"大脑的黄金时间段"，而杂七杂八的信息塞进来后，会把大脑搞得一团糟，破坏"大脑的黄金时间段"，从而导致整个上午的工作效率显著降低。

如果你觉得看电视新闻能带来的好处比以上这些坏处更多，那就可以看。

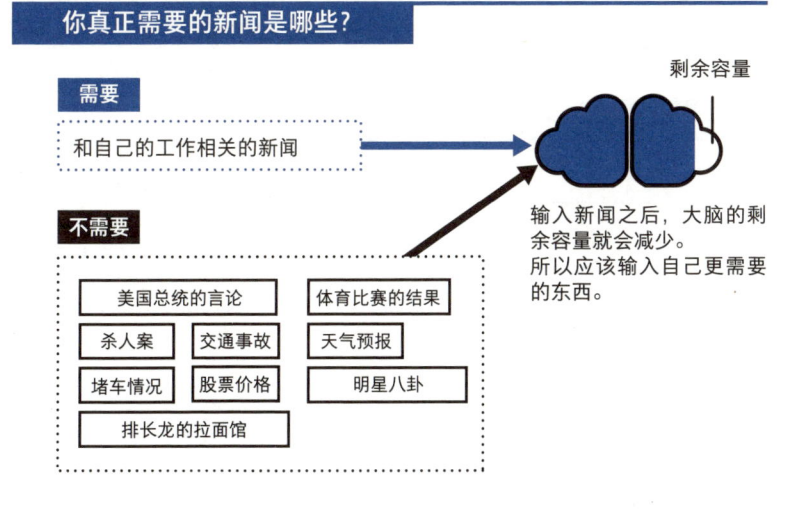

你真正需要的新闻是哪些？

需要
- 和自己的工作相关的新闻

不需要
- 美国总统的言论
- 杀人案
- 堵车情况
- 排长龙的拉面馆
- 体育比赛的结果
- 交通事故
- 股票价格
- 天气预报
- 明星八卦

剩余容量

输入新闻之后，大脑的剩余容量就会减少。
所以应该输入自己更需要的东西。

> 戒掉"吃早餐时或回家时漫不经心地看新闻节目"的习惯吧。

第五章 最便捷高效的上网术 INTERNET

CHAPTER5 INTERNET

56 限制时间

——玩手机和SNS最好控制在"每天1小时以内"

可能很多人以为:"使用SNS和手机的时间越长,越能获得有益的输入。"这种想法是完全错误的。使用SNS和手机的时间越长,越容易导致专注力降低、精神涣散,工作效率和学习成绩降低,幸福度也会降低。

密歇根大学的研究表明,使用脸书的时间越长,人的主观幸福感越低。很多人使用SNS可能是为了排解孤独,可实际上,使用SNS的时间越长,孤独和抑郁的感觉就越强烈。

相反,把SNS的使用时间限制在30分钟以下,能大幅减轻孤独感和抑郁感。

匹兹堡大学的研究结果显示,SNS的使用频率越高,越容易患抑郁症。与使用时间较短的人相比,使用时间较长的人患抑郁症的风

玩手机会使学习时间变得无效

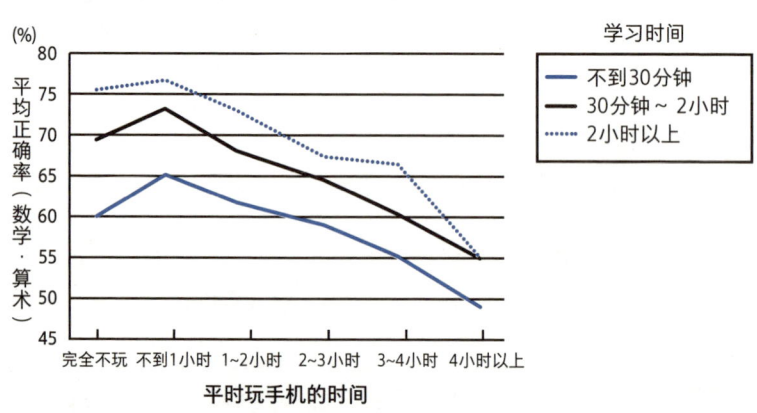

学习时间
- 不到30分钟
- 30分钟~2小时
- 2小时以上

平均正确率(数学·算术)(%) vs 平时玩手机的时间(完全不玩 / 不到1小时 / 1~2小时 / 2~3小时 / 3~4小时 / 4小时以上)

参考《竟然使两个小时的学习变成无效!应该戒除的大脑习惯》
(横田晋务著,川岛隆太监修,青春出版社,2016年)

险增加了2.7倍。

根据东北大学川岛隆太教授的研究结果，手机的使用时间每增加1小时，数学、算术成绩就减少5分左右。该研究还对"学习时间"进行了考察，得出令人惊讶的结果：与"学习时间不足30分钟、不玩手机的学生"相比，"学习时间超过4小时、玩手机的学生"成绩更低。这就说明，玩手机会导致学习成果变得无效。

川岛教授说，长时间地看电视、玩电视游戏机、玩手机之后的30分钟～1小时，大脑额叶的机能将持续下降。在这种状态下，再怎么努力学习，也无法取得良好的学习效果。

像这样，证明长时间使用SNS和手机会给大脑造成不良影响的数据非常多。那么，到底多长时间比较合适呢？专家建议"每天1小时以内"。不要没完没了地玩SNS和手机，要严格限制使用时间，否则就会降低大脑的效率。

长时间使用手机的害处

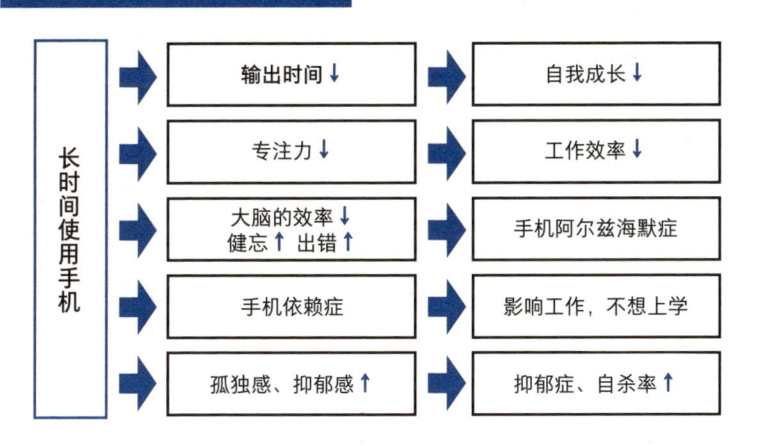

长时间使用手机 →
- 输出时间↓ → 自我成长↓
- 专注力↓ → 工作效率↓
- 大脑的效率↓ 健忘↑ 出错↑ → 手机阿尔兹海默症
- 手机依赖症 → 影响工作，不想上学
- 孤独感、抑郁感↑ → 抑郁症、自杀率↑

> 手机只是一种"工具"。
> 不要成为手机的奴隶。

57 合理地使用手机

——过度使用手机甚至会增加自杀的可能性

近年来,"手机依赖症"的害处受到人们关注。它呈现出的症状与阿尔兹海默症相似,例如:经常因为不小心而出错,以及越来越健忘。

"手机依赖症"的症状有:(1)心理依赖——没带手机就坐立不安,经常手机不离手,一有空就忍不住看手机;(2)身体症状——眼睛疲劳、视力下降、颈部酸痛、肩周炎、头痛、肌肉痛、腱鞘炎等;(3)精神症状——烦躁、不安、精神涣散、记忆力下降、睡眠障碍等;(4)沟通障碍——不想和人接触、闭门不出、人际关系受到影响……你的情况如何?

初高中生因手机依赖症而昼夜颠倒,学习成绩下降,有的甚至造成休学。更为严重的是,根据美国疾病控制中心(CDC)的统计结果,2010至2015年间,美国初高中生的自杀率上升了31%,尤其是女生的自杀率上升了65%。自杀念头与手机使用时间的相关性已经得到了证明。也就是说,手机使用过多会导致自杀率上升。

长时间使用手机会造成睡眠障碍、白天的注意力和专注力下降、工作效率显著降低。手机本来应该是有益于生活的利器,结果却导致工作效率下降,甚至危及健康。

那么,手机的使用时间为多长才合适呢?日本人使用手机的时间为每天平均3小时5分钟(2018年12月)。从上一节提到的"使用手机超过1小时将导致学习成绩下降"这项数据来看,不影响身体健康和大脑效率的使用时间是1小时以下。超过4小时就已经太长了,

"手机依赖度"自测

- ☐ 经常在吃饭时看手机
- ☐ 和朋友在一起时也总是看手机
- ☐ 参加会议或宴会时也一直惦记着SNS，忍不住打开手机看
- ☐ 感觉如果没有SNS就没有人际关系
- ☐ 有时会为了发SNS而专门去做某件事
- ☐ 边骑自行车边看手机
- ☐ 无论什么时间、地点、场合，都下意识地拨弄手机
- ☐ 换乘电车途中也看手机
- ☐ 上厕所也带着手机去
- ☐ 有时会攥着手机睡着了
- ☐ 有时会忘带钱包却记得带手机
- ☐ 本来没有收到短信或电话，但却产生了手机振动的错觉
- ☐ 一有不懂的事情马上用手机查询
- ☐ 哪天忘带手机就会感到非常不安
- ☐ 早上一醒来就立刻查看新闻和SNS
- ☐ 一旦忘带手机充电器就忍不住买新的，所以有好几个备用的
- ☐ 觉得用邮件或短信比电话传达得更清楚

1级	0个	没问题
2级	1～5个	依赖症预备军
3级	6～10个	轻症
4级	11～15个	重症
5级	16个以上	依赖症

参考MCEI关于"移动设备的实际使用情况"的问卷调查（2014年）

甚至可以算作手机依赖症的预备军了吧。

一旦患上手机依赖症，治疗起来相当麻烦。手机使用时间超过4小时的人，即使是为了不影响工作效率，也应该尽可能减少使用时间。

【减少手机使用时间的诀窍】

（1）关闭提醒功能

每次一有提醒就会打断注意力和专注力、妨碍大脑。而每次因提醒看手机都会增加使用时间。所以，应该关闭提醒功能，不要每隔10分钟、15分钟就看一下手机。应该养成1小时只看1次手机，或只在休息时间才打开手机的习惯。

（2）不把手机带进卧室

睡前1小时看了手机的话，手机蓝光造成的不良影响会导致失眠，还会降低睡眠质量。试一下，不把手机带进卧室，睡前1小时不看手机——这种小的改变，也能取得很好的效果。

（3）使用专门对付手机依赖症的APP

iPhone手机有Screen Time（默认为iOS 12之后的系统），安卓手机则有UBhind等APP。首先，你知道自己各个APP的日常使用时间，对于过度使用的APP进行选定，然后设置好限制时间，比如说每天3小时。一旦超过这个时间，手机就会被锁定，不能使用了。如果全部都不能用会带来不便的话，也可以分别给各个APP设置不同的限制时间并上锁。患上手机依赖症的人，即便自己设置好也会马上更改设置——这种情况下可以请家人帮忙设置密码，以防自己随意更改。

（4）不随身携带充电器、充电线

我非常推荐这种方法。一旦手机没电，就无法访问SNS，也不能接电话，可以切实地防止没完没了地看手机。

（5）更改手机费用套餐

把手机费用套餐更改为流量少的套餐，强制性地限制使用时间。畅享套餐、大容量套餐是手机依赖症的"温床"。

顺带一提的是，我使用手机的平均时间是每天30分钟左右。长时间使用手机将会降低工作效率，还会使记忆力下降。这样的话，即使好不容易学到了《输出大全》里的技巧，也会全都变成无用功，所以需要特别注意。

> 首先改掉"习惯性地看手机"和"睡觉前看手机"的习惯。

THE POWER OF INPUT

第六章

激发各项能力的最强学习方法

LEARN

58 与人见面

—— "与100人见1次" 不如 "与10人见10次"

"人、书、旅行"——人要想变得聪明，需要这三样东西。多与人交流、多读书、多旅行，能使人生变得丰富多彩。我们要把宝贵的金钱优先用在这方面。

——日本生命网络人寿保险公司董事长出口治明先生在接受NIKKEI STYLE的采访时说过这样的话。

我无比赞同。其中"与人见面"尤为重要，但还有很多商务人士不擅长这一点。

与人见面，建立关系，向对方学习各种知识，同时自己也教对方，互相启发，共同实现自我成长。拥有这样的伙伴，能加速促进你的自我成长。而自己一个人躲在屋里，即便再怎么努力地反复输入和输出，也很难得到充分成长。

通过与人见面，有时可以轻松地找到困扰自己的问题或课题的答案。"与人见面"是自我成长的加速器，是终极的输入方法。

不过，只见1次是不够的，还必须继续交流、加深关系。在此，我将告诉大家我在与人见面时有意识地运用的7个交流方法。

（1）多次见面

虽说"与人见面"很重要，但如果与100人各见1次，恐怕得不到自我成长。因为，只见1次无法加深相互之间的关系。心理学上有一个法则叫"多看效应"（Zajonc effect）——与人见面的次数越多，亲密度就越高。既然有时间与100人各见1次面，不如用这些时间与10人各见10次。

（2）当场预约

在交流会等场合时常能听到"以后随时联系"之类的话。但这个"随时"却从来没有兑现过。大多数情况都是没有下文了。难得有互相认识的机会，如果不见第2次面，那就等于没见过面。我只要遇到感兴趣的人，就会当场预约下次见面的时间。抽不出时间一对一会面的情况下，我就邀请对方参加我主办的交流会。如果你遇到感兴趣的人，就当场预约下次见面的时间吧。

（3）给予

在低水平的交流会上栖息着许多"伸手党"——他们一个劲儿地拜托别人这个那个的，而自己却不肯付出任何东西。

只想着自己获得好处的人，一定会被大家讨厌。先别考虑"获得"，而是先考虑"给予"吧。不是给予财物，而是给予信息和知识，力所能及地做出自己的支援和贡献。

懂得"给予"的人，比较受人欢迎，而且可以和其他同样具有奉献精神的人形成联系。

（4）不必和每个人都交朋友

与人交流时，不必和每个人都交朋友。正如《我能交到100个朋友吗》这首小学生歌谣所象征的那样，日本的教育提倡"要跟很

多与人交流……

每天1小时的交流时间
→ 每周420分钟

和100人交流　每人　4.2分钟

和10人交流　每人　42分钟

哪种情况能加深关系呢？
- 时间是有限的
- 交流人数越多，则关系越浅

多人、跟每个人都搞好关系"。但这是不可能的。

　　人的时间是有限的。所以，与其花费大量时间去跟合不来的人搞好关系，不如增加与"自己喜欢的人""志趣相投之人"见面的时间。

　　为此，应该拒绝不喜欢的人发出的邀请，拒绝参加不感兴趣的饭局。当然，对于"伸手党"发出的邀请也应该断然拒绝。否则，只会浪费自己的时间和精力，徒劳无益。

（5）一对一面谈

　　一对一面谈可以非常有效地加深人际关系。在集体活动中见10次面，效果还不如一对一面谈1次。

　　作为"与人交流"的入口，集体活动是非常好的契机。但多人聊天时，自己想说的话总是容易被岔开。从"加深人际关系"这个目的来说，必须一对一面谈，而不是群聊。

（6）保持联系

　　在互相联系1年以上的过程中，你可能才会意识到对方是你人生中的贵人。只见两三次面，是很难深入了解对方的。要经常保持联系，起到互相促进的效果。

一对一面谈

| 一对一面谈 | 群聊 |

哪种情况能加深关系呢？

（7）找到共同成长的伙伴

半途而废、有始无终的人有一个共同点——他们总是在"单打独斗"。独自一人坚持奋斗3年、奋斗10年，从脑内物质的机制来看也近乎不可能。

能实现远大目标的人有一个共同点——他们有共同成长的伙伴。你支持我，我支持你；你帮助我，我帮助你。如果没有这样的伙伴，就会缺乏动力，无法坚持下去。

"与人见面"的目的，说白了就是找到共同成长的伙伴。

有共同成长的伙伴，就能加速成功

单打独斗　　　和伙伴们共同奋斗

哪种情况能更快抵达目的地？

> 重新审视交友关系，给那些"想一直保持联系"的人打个电话吧。

CHAPTER6 LEARN

59 参加社团

——能遇见志趣相投之人

前文讲过"与人见面"的方法——多次见面，保持联系，找到拥有共同价值观、共同成长的伙伴，就能实现飞跃式的自我成长。然而，很多人可能会产生疑问："在哪里可以遇到这样的人呢？"

如果你一直过着每天上班下班两点一线的生活，就无法拓展公司和工作以外的交友范围。你必须走出交友关系的舒适区，去遇见从未见过的人。

要想结交新朋友，最容易想到"跨职业交流会"或"派对"之类。我也参加过许多交流会和派对，但效果有好有坏。如果不积极采取行动、预约见面的话，是很难有收获的。

我推荐的方法是"参加社团"。"社团"是指商务学习会、兴趣小组、运动同好会、在线沙龙等。文化中心或烹饪培训班等学习活动也可以叫社团。

社团的优点是"目的明确"，因此社团成员都是"志同道合之人"。也就是说，在这里很可能遇见和自己志趣相投的人。

参加社团的好处

❶ 能够与参加者保持联系。
❷ 拥有相同目的、爱好、兴趣的人聚集在一起。
❸ 容易找到共同成长的伙伴。
❹ 容易建立互教互学、互相支持的关系。
❺ 能够和组织者成为好朋友。
❻（比起那些一次性的聚会或活动）持续参加容易获得成果，促进自我成长。
❼ 心情愉悦！

还有，大多数社团都会定期举行例会或集会，所以必然可以在现实生活中"多次见面""保持联系"。成员之间的关系自然就会不断加深。

要想选择合适的社团，最好要事先了解一下组织者，或者见一次面。如果组织者的人格值得尊敬，你觉得和他在一起很愉快，那么这个社团也一定会令人愉快的。

上网一搜索，就可以查到无数社团。脸书的时间线上，每天都会发送这些社团活动的介绍信息。如果你对某个社团感兴趣的话，就鼓起勇气去参加吧。

如果有人"找不到自己可以参加的社团"，那不妨来参加我主办的社团吧。

选择合适的社团

1. 组织者是值得尊敬的人。
2. 社团的目的和收获比较明确，而且和自己的"目的"一致。
3. 能持续地开展活动，也有实际成果。
4. 定期举办线下活动（仅在线上活动的社团作用有限）。
5. 参加者的评价不错（上网搜索其评价）。最好直接咨询参加者的意见。
6. 如果是费用较低的社团，先参加看看情况（不合适的话退出即可）。

> 开拓"同事"和"同学"之外的交友范围吧。

60 一对一学习

——"讨人喜欢"能使学习效果最大化

正如我在"读书"那一节所说,最好的学习方式是"直接学习"。这种"直接学习"有两种形式。

一种是有很多听众的情况,例如研讨会、讲座、上课等;另一种是一对一直接教学。

大家都知道,10个人的英语会话培训班课程,不如一对一的个人辅导,后者的学习效率更高,自我成长速度也更快。不过,一对一辅导的费用可能是培训班课程的几倍。

一对一直接学习的方式,虽然学习效率很高,但必须支付相应的高昂费用。恐怕很多人出不起这笔钱吧。

对于这些人,我有一个好建议,可以不必支付高昂费用而从相应领域的专家获得一对一学习、一对一听取意见的机会。向前辈、上司、老师、讲师、专家等比自己资历高的人求教时,可以运用这些方法。

阶梯式的输入方式

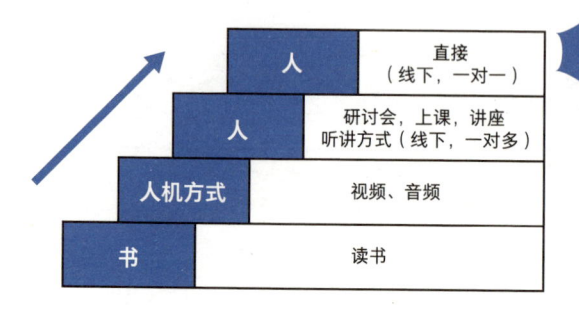

	人	直接(线下,一对一)
	人	研讨会,上课,讲座 听讲方式(线下,一对多)
	人机方式	视频、音频
	书	读书

最强输入方式

（1）先做好必要的功课

我在研讨会结束后的交流会上，通常会请大家畅所欲言地提问题，我来回答。然而，其中有的问题却令人十分扫兴。

——那是我早就在书里写得一清二楚的、再简单不过的问题。只要稍微看书就能明白，可是自己根本不做功课就到现场提问。这样的行为非常失礼。

在公司里也一样，说明书上写得一清二楚的事情也特意跑去问领导，领导肯定会来一句："你先看看说明书！"提问会浪费对方的时间，所以，难得有提问机会时，应该问一些高水平的核心问题。

（2）热情

每一位讲师或教师都对"热心学习"的学生或学员抱有好感。既然传授了知识，自然希望学生或学员有所收获。所以，只要怀着热情向老师提问，表现出自己积极主动的学习态度，老师就很可能教给你更详细、更高水平的内容。

（3）顺从

有的人一听到别人的建议或忠告时，就会立刻反驳，或者表现出"不可能做到"的消极反应。

作为提建议的一方，无疑会很失望。要提出反驳和意见，应该在实践过后再提。一听到别人的建议，不经实践就立刻反驳的，无异于纸上谈兵。跟这种人讨论简直是浪费时间。

而有的人则会顺从地表示说："我明白了，明天就试试看！"对于这样的人，我希望教他更多的东西。

（4）多次见面

多次见面可以提高亲密度，增强"想教对方"的意愿。

初次见面时，由于不了解对方，只能给些一般性建议。多次见面之后，才能细致地了解对方的水平、实力、个人情况，从而给出更精确、更具体、更有可行性的建议。

（5）提供价值

在我主办的网上心理讲座中，研讨会的接待工作和会场准备工作都是由学员自愿帮忙做的。对于这些给我帮忙的人，在心理学"互惠原则"的作用下，我想要"给予回报"。于是我会更加热心地给他们提建议或忠告。这并不是偏心，而是人之常情。

贡献，出力，提供价值。这样的话，对方的感谢之情一定会成为宝贵的输入源，给予你回报。

（6）把别人教过的东西付诸实践

如果两人多次见面，那么，"上次的建议是否已经落实""是否已经把对方教过的东西付诸实践"等问题十分重要。

假设你建议刚开始写博客的人最好每天更新博客，1个月后再次遇见他时，你问他："你每天都更新博客吗？"结果他回答说："不，一点都没有更新。"那么你只能像上次那样，仍然建议他每天更新。

但如果对方说："每天都有更新，但是访问人数没怎么增加。"这时你就能提出进一步的建议："可以试试××。"所以，别人教过的东西，要在下次见面之前付诸实践。

如果不这样做，即使你获得很好的建议，也根本无助于自我成长。

（7）感谢

"非常感谢您的宝贵建议！""您的建议很有用，非常感谢！"……迄今为止，我已教过几千名学员。每次听到"谢谢"这句话时，我都发自内心地感到高兴。

积极心理学的研究表明：人们对"感谢的话"不会感到厌烦。

即使被感谢100次、1000次，人们还是会感到高兴。

所以，当接受别人的教导或听到有用的建议时，请真诚地表达你的感谢吧。这将增加你们之间的亲密度，加深彼此关系。下一次，一定能从对方那里获得更有用的建议。

大家都支付同样的费用参加同一场交流会，有的人善于获得宝贵的建议，而有的人却不能做到。"获得他人教导"的方法，换句话说，也就是"讨人喜欢"的方法，请大家一定要试一下。

"获得他人教导"的方法

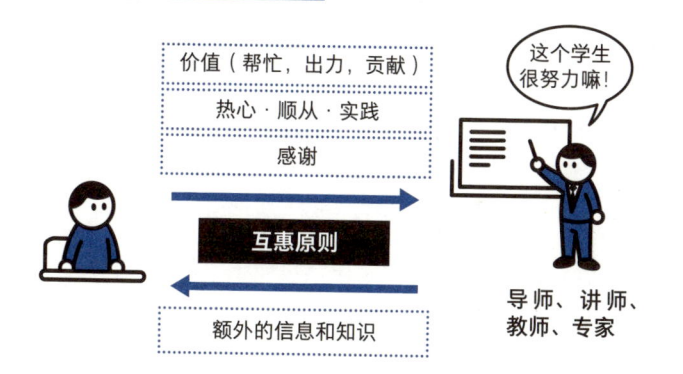

价值（帮忙、出力、贡献）
热心·顺从·实践
感谢

互惠原则

额外的信息和知识

这个学生很努力嘛！

导师、讲师、教师、专家

> 得到别人的建议后，要谦虚、认真地付诸实践。

61 向导师学习1

CHAPTER6 LEARN

——努力模仿"自己的榜样"

你有导师吗？虽然现在教读者"如何遇见导师"的书越来越多了，但"导师"（mentor）这个词用得还不是很普遍。

所谓"导师"，是教给你知识或技能的"师父"或"老师"。从广义上来说，还可以表示"人生的指导者""人生的榜样"。

如果用一句简单易懂的话来概括，导师就是"你想成为的人"。棒球少年如果想成为铃木一朗那样的运动员，那么铃木一朗就是他的导师。

拥有一位导师，会带来什么样的好处呢？——能飞跃式地加速自我成长。这就是心理学上所说的"模范作用"。模范作用，是指通过观察并模仿目标对象（榜样）的动作或行为进行学习。婴儿观察并模仿父母的一举一动以及学说话也属于一种模范作用。

在十多年前，涉谷出现过大量"安室奈美惠风格"的女孩子，她们从发型、妆容到服装样式都模仿得分毫不差。这也属于"模范作用"。不仅模仿动作和行为，她们还模仿其服装样式和唱法，以此努力地向自己的偶像接近，而且事实上也做到了。

从工作方面来说，通过模仿那些取得巨大成果之人的行为和思维方式，使自己也变成这样的人，取得同样的成果——这种榜样就是"导师"。

要把某个人当成导师，必要条件是"敬意"和"我也想成为这样的人的愿望"。如果有"我也想成为这样的人的愿望"，就会下意识地模仿其行为和思维方式，使之变成自己的东西。

既然是有助于你学习和成长的导师，那么就没必要模仿服装样式和发型，但如果可能的话，最好要模仿其生活习惯和生活方式等。

或者看他年轻时做过什么，一直以来又是如何学习和如何训练的。

然后，彻底地模仿导师的学习方法和训练方法。导师的著作、传记或自传等也能起到参考作用。

在日语中，"学习"的词源就是"模仿"。换言之，模仿就是学习的开始。

模仿导师（即模仿自己的榜样）

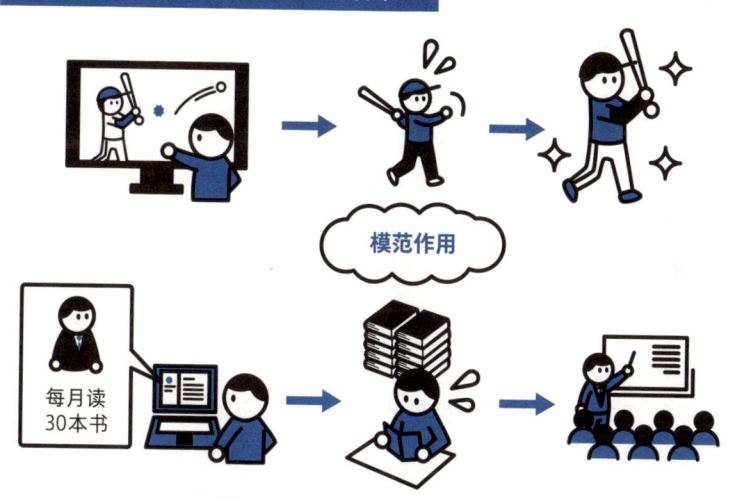

模范作用

每月读30本书

通过模仿自己仰慕的人，加速自我成长

> 多看导师的著作或博客，找到值得模仿的要点。

62 向导师学习2

——直接去见你觉得"好厉害"的人

我的导师是Monday Road Show节目的讲解员、影评人萩昌弘先生,以及英雄奇幻小说《豹头王传说》的作者、小说家栗本薰女士。

萩先生引领了美食潮流,而且还是一位把"玩"变成"工作"的先驱者。从这层意义来看,我的生活方式是完全模仿萩先生的——我用3分钟视频讲解人的烦恼,把电影、美食、旅行与"工作"相结合。

我读高中时曾看到过栗本女士的一句话:"我每天不写完20张稿纸就觉得不舒服。"当时,我心想:"怎么能1天写完20张呢?"不过,现在我已经能轻松做到了。

如今,我之所以能以作家的身份崭露头角,是因为从《豹头王传说》开始沉迷于读书,并且努力模仿其写作风格。没有栗本薰女士,就没有作家桦泽紫苑。

尽管无法超越这两位了不起的导师,但我感觉自己已经比想象中更接近他们了。两位导师虽然已经故去,但我仍发自内心地感谢他们让我有了今天的成绩。

拥有一位导师,能飞速地加快自我成长。事实上,你还会在不知不觉中逐渐接近自己的导师。

我经常听到有人说:"我没有导师。""我找不到导师。"其实,导师不是你心里想着"我要找导师"就能找到的。因为,你即使遇见他也不会意识到:"这个人就是我的导师!"

一开始,你会涌起一股钦佩之情,觉得这个人"好厉害!""真了不起！"然后，产生强烈的愿望，希望"自己也能这么厉害""自己也想成为这样的人"——其实，这样的人就是你的导师。

所谓导师，就是"自己也想成为这样的人"。所以，只要去找，一定能找到的。

只要多读书，就会遇到"很厉害的、可作为榜样的人"。或者也可以看《情热大陆》之类的人物纪录片。

当你觉得"这个人好厉害"时，就直接去见他。如果是知名人士，应该会举办讲座、研讨会、活动等。

总之，请先找到自己的导师。如果有人想把我当作导师的话，参加桦泽主办的社团就行。在那里，可以直接见到桦泽。

> 当你觉得"这个人好厉害"时，就想想看有什么办法能直接见到他。

63 了解自我

——直面自我，提高自我洞察力

世界上有各种各样的学问，但我认为最应该学的是"自我"。认识自我，探求自我，这是通往幸福路上必不可少的行为。

一个人不确定自己的目标，就如同没有目的地的航海。在茫茫大海上，随便掌舵就碰巧到达某座宝岛——这是不可能的。

要想加深自我了解，就必须要提高自我洞察力。自我洞察力强的人，很善于控制情感。当自己感到烦躁不安时，只要立刻意识到，就容易应对。

通过自我洞察，认识到自己的缺点就可以克服它，认识到自己的优点则可以发扬它。为了加速实现自我成长，就必须提高自我洞察力，认识自我。

自我洞察力强的人，还不容易患精神疾病。即使患病也能在轻症期间及早发现，不至于遭受重症之苦。患精神疾病的人，大多数的自我洞察能力都比较弱。因此，可以通过提高自我洞察力来治愈疾病，防止复发。

【提高自我洞察力的方法】

（1）读一读关于哲学、宗教、历史、生活方式的书。
（2）读一读深刻描写人的心理的小说。
（3）观看震撼人心的电影。
（通过"直面自我"的输入，创造自我洞察的机会。）
（4）把自我洞察时的体会写成文章，客观地重新阅读。
（5）写日记。
（通过"直面自我"的输出，深化自我洞察。写日记的方法尤为有效。把每天发生的事写进博客里，其实就是在写日记。）

（6）挑战新事物。

（7）出去旅行。

（尝试新的行动，看看是否适合自己，是让自己感到快乐还是痛苦。只有实际尝试过才知道。）

"认识自我"并没那么简单，需要穷尽一生。可以说，人生就是"认识自我"的旅程。

提高自我洞察力的方法

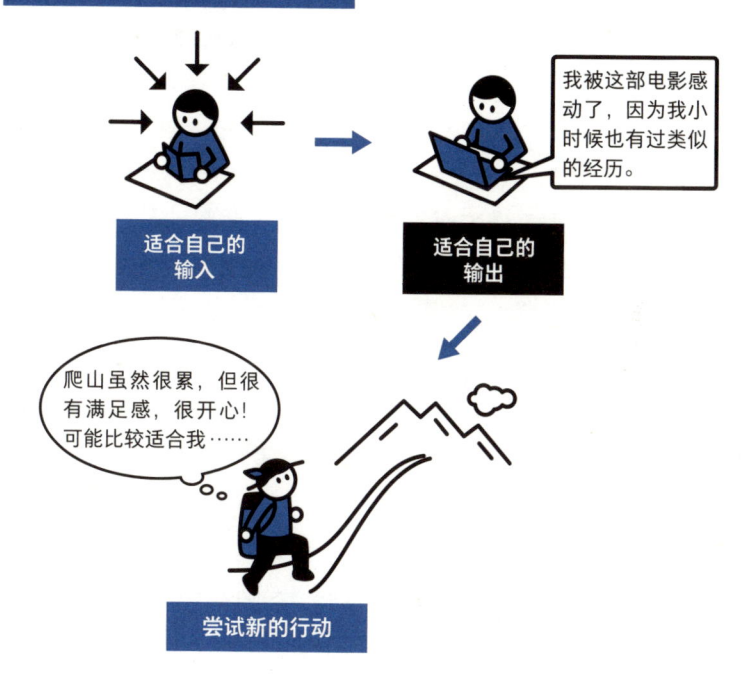

适合自己的输入 → 适合自己的输出

我被这部电影感动了，因为我小时候也有过类似的经历。

爬山虽然很累，但很有满足感，很开心！可能比较适合我……

尝试新的行动

> 停下脚步，想一想：自己喜欢什么？自己会为什么而感动？

64 从疾病中学习

——疾病是提醒我们的"警告信号"

生病时,总是烦恼又痛苦,抱怨说:"为什么我会变成这样?我真是太不幸了。"这种自责和后悔的念头,只会增加精神压力,使病情恶化,而对治疗疾病毫无裨益。

生病时,不应该去责备自己或别人,而应该接纳疾病。然后,直面"为什么会生病"的问题,作出自己的回答。换言之,就是要"从疾病中学习"。

虽然有的疾病原因不明,但生病(特别是精神疾病)的原因,无非就是心理压力、人际关系紧张,以及自己的行为和生活方式的问题——例如因为工作忙而导致休息不足、睡眠不足、运动不足等。如果你没意识到并加以改正的话,就算住院或吃药治疗,过后还是会复发的。

疾病是身体向我们发出的"警告信号",提醒我们:"你的身心已经很疲劳了,再这么拼命工作的话,就会病倒的哟。你的身体马上就要垮了哟。"是为了不至于变成大病,所以才用各种症状警告我们。

其实,我也曾得过严重的疾病。那是发生在我当医生几年后的事。每天上午我要出诊,下午到各处病房巡查,有时半夜也会被叫到急救病房去。我甚至1天工作过14个小时。

在这样的超负荷工作状态下,有一天我睡醒时,突然感到一阵剧烈的耳鸣。后来耳鸣日渐恶化,一侧的耳朵几乎听不见声音了。我急忙去看耳鼻科,诊断结果为"突发性重听"。

耳鼻科医生告诉我:"如果置之不理的话,有可能会丧失听力。"这句话给了我当头一棒,于是我决定改变以往以工作为中心的生活方式，决定要活得更加自我。我控制酒量，注重睡眠。幸运的是，1周之后我的耳鸣消失了，听力也恢复了。

在可能丧失听力的极限状况下，我认识到了保持健康和预防疾病的重要性。现在，我之所以通过写书和YouTube频道反复强调"疾病预防"，正是因为有过这段经历。

疾病是为了提醒你、教育你而发出的"警告信号"。如果能"从疾病中学习"，就能使其变成人生中的一个转折点。生病是自我成长、自我变革的绝好机会。

能从疾病中学习的人，不能从疾病中学习的人

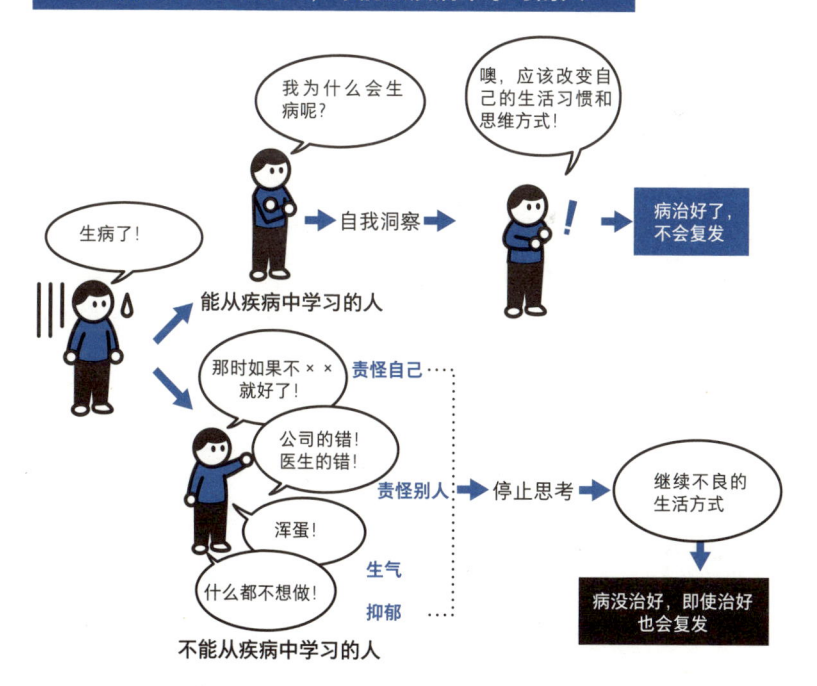

生病了！

能从疾病中学习的人
- 我为什么会生病呢？ → 自我洞察 → 噢，应该改变自己的生活习惯和思维方式！ → 病治好了，不会复发

不能从疾病中学习的人
- 那时如果不××就好了！ **责怪自己**
- 公司的错！医生的错！ **责怪别人**
- 浑蛋！ **生气**
- 什么都不想做！ **抑郁**

→ 停止思考 → 继续不良的生活方式 → 病没治好，即使治好也会复发

> 不要责怪生病的自己，而要从疾病中吸取教训。

CHAPTER6 LEARN

65 从历史中学习

——从成功和失败的宝库中可以学到很多

人们常说:"商务人士要从历史中学习!要通过历史学习成功的规律!"话虽如此,但那些对历史不感兴趣的人,大概不知道应该从何着手吧。

下面我就告诉大家"从历史中学习的好处"以及"学习历史的方法"。

【从历史中学习的好处】

(1)提高商务能力、人的综合能力

历史是"为什么"的宝库。学习历史,就是追寻"为什么"的答案。通过学习历史,可以培养人的分析能力、逻辑思考能力、假设及验证能力、解决问题能力等。不要只是被动地阅读历史书,而要积极主动地参与其中——比如说,自己进行假设,然后为了收集证据而拓展阅读范围。

另外,通过学习伟人的生活方式,可以培养"综合能力""人的存在方式""生活方式""人生哲学"等。

(2)从失败中学习,学习成功法则

历史是成功和失败的宝库。2000多年的历史中,记录着每一次成功和失败。多达几千人的详细历史是最好的案例分析材料。成功模式和失败模式全都呈现在你眼前。

(3)增加动力

历史上的人物和伟人很容易成为你的导师。如果你也想"成为像坂本龙马那样改变社会的推动力"，你的思维方式和行动方式就会不断地向龙马靠近。

此外，阅读那些生动描绘了你最喜欢的历史人物的漫画或小说，观看相关电视剧或电影等都会激发你的热情。换言之，你能从中获得动力："我也要努力！我也要做一番大事！"

【学习历史的方法】

（1）找到自己喜欢的历史时代和国家以及喜欢的人物。
（2）从漫画、小说、电影、电视剧入手。
（3）阅读正史和相关的讲解书。
（4）追问"为什么"（假设并验证）。
（5）实地走访。

总之，阅读一本关于自己感兴趣的时代和历史人物的书，由此开始学习历史吧。一定要试一下。

学习历史的方法

找到自己感兴趣的历史时代、国家、人物，由此逐渐深入探究

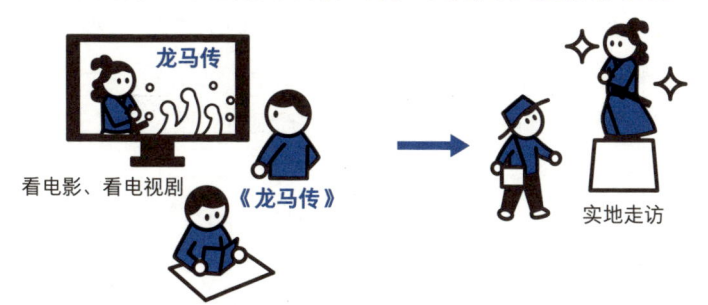

看电影、看电视剧　《龙马传》　实地走访

读书（包括漫画、小说、解说书）

> 看一部自己喜欢的演员参演的历史剧吧。

CHAPTER6 LEARN

66 参加水平测试

——乐在其中的最强大脑训练

最近掀起了"学习"的热潮。汉字水平测试、簿记水平测试、英语水平测试等，有多达几百种的水平测试。

以前，我对水平测试颇为轻视，觉得那不过是各种协会为了赚钱而举办的。但我亲自参加过一次之后，看法就转变了。

水平测试其实是很有意思的。事实上，从2014年开始的3年内，我参加过"威士忌水平测试2级""威士忌水平测试1级"，加上之后的"威士忌行家""威士忌专家"，总共4门威士忌的水平考试我都通过了。我一开始时的想法很简单，就是想试试自己的水平。然而，我渐渐意识到：自己虽然非常喜欢喝威士忌，但是对酿造方法等一窍不通。在应考学习的过程中，我加深了对威士忌的理解，领悟到了它的真正魅力。

高中入学考试、大学入学考试、走上社会之后的资格考试、晋升考试之类的目标很明确，学习动力很足。因为这些考试很重要，合格与否将改变人生。但到了40岁后，就很少有机会为了一次考试而拼命学习了。人们常以为"记忆力会随着年龄增长而衰退"，其实这是错误的想法。

之所以衰退，只是因为不用而已。最新的脑科学研究表明，**只要坚持不懈地锻炼"记忆力"，即使到六七十岁，大脑也依然很活跃**。不过，人长大到一定程度后，就很少有机会为了锻炼"记忆力"而学习了。

"参加水平测试"是每个人都可以立刻做出的简单决定。绝大多数测试都是从4级到1级，难度相应地分为初级、中级、高级。这样非常好。对于4级，只要稍微学习一下，谁都能考过；而1级则需要相当程度的学习，否则就没法通过。这种"稍有点难"的难度能促使大脑分泌出多巴胺——这种物质既能激发动力，又有助于学习。

加深对兴趣爱好的钻研，可以乐在其中地深化学习、激活大脑、强化记忆力，取得"一举四得"的健脑效果。顺便一提的是，当你感到"快乐"的瞬间，大脑就已经分泌出多巴胺。如今，几百种水平测试涵盖了各个领域，其中一定有符合你兴趣的。"学习"是一辈子的事。我建议，越是年纪大的人，越应该去参加水平测试。水平测试是最强的大脑训练法。

参加水平测试的好处

1. 确立学习目标。
2. 可以在短时间内锻炼记忆力。
3. 加深对业余爱好的兴趣。
4. 刺激好奇心。
5. 增强自信心。
6. 可以向别人炫耀，有助于打造品牌。
7. 得到别人称赞，有满足感。
8. 大脑分泌多巴胺。
9. 人生更多乐趣。

通过水平测试的方法

（1）研究历年真题	只要把过去5年的真题全都做对，就一定能及格。总之，要认真做历年真题。要把握出题倾向，举一反三，确保能够对付类似的问题。
（2）考前培训讲座	如果有面向水平测试的培训讲座，最好去参加。它将帮助你了解最新的出题倾向和最新信息等，让你万无一失地通过考试。

查一下自己的兴趣爱好有没有相关水平测试。

67 参加资格考试

——"资质"比"资格"更重要

我想,渴望"升职"和"增加收入"的人,最容易想到的主意就是"参加资格考试"。

取得某项资格之后就能升职吗?有利于就业、再就业和转行吗?能增加收入吗?……这些问题有必要认真地考虑一下。因为,在我的朋友和熟人中,有很多人辛辛苦苦通过了资格考试,但却根本没什么用武之地。

首先,当你想要参加某项资格考试时,请向已经取得该项资格的3个人咨询:"你庆幸自己取得了这项资格吗?""它对升职、增加收入有什么帮助吗?"你一定能听到宝贵的意见。

如果你不认识取得该项资格的人,就去参加一次跨职业交流会吧。很多人都会在名片上列出相关资格,所以你肯定可以轻而易举地收集到意见。

从结论来说,即使取得某项资格也未必能升职和增加收入。在如今这个时代,甚至有一些考取了"律师"资格的人都无法获得足够的收入。

取得理财规划师(FP)资格的人,有人赚得盆满钵满,也有人根本没用上。归根结底,"资质"比"资格"更重要,一切取决于本人是否努力。

资格只是"武器",如果不努力学会去运用它,就对升职和增加收入没有任何帮助。

所以,"取得资格就能增加收入"的想法是错误的。但如果是"为了自己想做的事""为了实现目标"而需要用到某项资格的话,你就觉得应该去参加资格考试。

相反，为了"升职""增加收入"而取得资格的人，也许会为没能获得预期效果而感到后悔。

"取得资格有利于就业和再就业"这句话，恐怕是函授培训班的广告语吧？有几项国家资格确实有利于就业，但难度非常高。

与"参加水平测试"一样，最好要把参加资格考试当作"学习的机会""记忆力训练""大脑训练"而进行学习。

不过，有的资格考试需要花费几百个小时学习，或花费几十万日元参加培训讲座。如果我有那么多时间和金钱的话，可能会运用到别的地方吧。

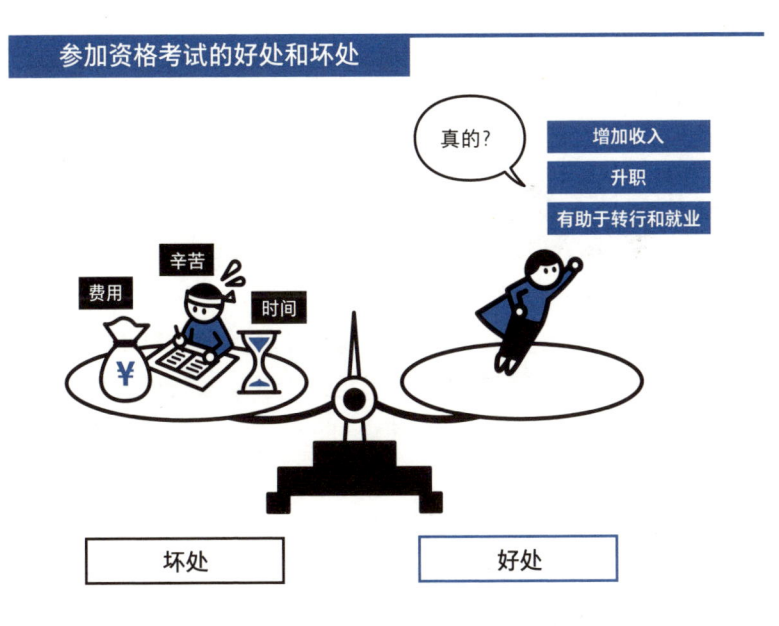

参加资格考试的好处和坏处

坏处	好处
费用、辛苦、时间	增加收入、升职、有助于转行和就业

> 在挑战之前，先弄清楚自己是否真的需要这项资格。

68 学习外语

CHAPTER6 LEARN

——应该锻炼的是"和外国人友好交流的能力"

有人问我:"今后的AI时代将会出现高性能的同声传译APP,那还有必要学外语吗?"

如果学外语的目的是"传达意思",那确实只要有同声传译APP就足够了。但我认为,学外语的目的在于"交流"。

哪怕语法上有些错误,只要对方能听懂,彼此能友好交流就OK了。重点在于"能否友好交流",而不是"能否传达"。

以我的经验来看,如果外语能力能达到在聚会上聊天的程度,将非常有利于互相沟通,也更容易与外国人友好交流。

还有一点比"外语能力"更重要的,是和外国人交流的能力。比如,当盛气凌人的外国人向你投诉时,你能铿锵有力地进行应答吗?

在这种场合中,即使外国人说的是流利的日语,想必也有很多日本人会表现得低声下气吧。这不是"外语能力"而是"交流能力"的问题。在这个方面,同声传译APP是无法弥补的。

【和外国人交流的能力的训练法】
(1)向遇到困难的外国人搭话

在车站大厅,经常见到一脸困惑地看着手机或导游手册的外国人。这时,你要试着向他搭话:"May I help you?"(请问需要帮忙吗?)通常情况下,他们只是不知道该如何换乘而已,解释起来并不太难。这能锻炼你的胆量。

（2）去外国人酒吧

去立式爱尔兰酒吧等外国人多的酒吧。只要你主动找人搭讪，很快就能跟他友好交流。

（3）参加外国人社团

在酒吧等地方认识之后，对方有可能会邀请你下次去参加活动。只要你去，肯定能见到很多外国人。只要能交上一个外国朋友，就能以此为突破口，参加外国人的社团。

（4）定期去国外旅游

去国外旅游，到处都是外国人，因此可以锻炼你的"外语能力"以及"和外国人交流的能力"。我建议自由行，不要跟团。相比很多人结伴去，一个人去更容易得到交流的机会，能培养自己不输给外国人的胆量。

重要的是和外国人交流的能力

外语能力	≪	和外国人交流的能力
只要有同声传译APP就足够了（今后还会继续进化）		・（面对外国人）不紧张 ・（面对外国人）不自卑 ・（和外国人）轻松地交谈 ・（和外国人）友好交流 ・（面对外国人）不低声下气 ・理解和尊重其他国家的文化和习惯
最好能达到在聚会上聊天的程度		

"友好交流的能力"比"说得流利的能力"更重要

> 当你看见遇到困难的外国游客时，就积极主动地向他搭话吧。

69 学习心理学

——"心理辅导员"的工作非常辛苦

有很多人想学习心理学。而且，2018年开始举行国家"公认心理师"资格考试。于是想从事"心理辅导员"工作的人越来越多了。

话说回来，"为什么想学习心理学"这一点很重要。如果是为了"治疗别人""帮助别人"，那倒另当别论，但实际上有很多人是为了"消除自己在过去或童年时遭受的心灵创伤"。

——也就是说，想"治疗自己"。可是，由于人很难客观地审视自己，所以心理学认为要"治疗自己"是非常困难的。在大学或研究生院学习了心理学，不代表就能因此消除自己的心灵创伤。

而且，假如带着心灵创伤从事心理辅导工作，就很可能在遇到与自己一样遭受过心灵创伤的咨询者时过于投入，从而无法客观地审视，给对方造成损害，有时甚至会导致病情恶化。

我想，希望治愈心灵创伤的人，与其成为心理辅导员，不如先接受心理辅导为好。

心理辅导员这一职业能帮助别人、治疗别人，是一种非常有意义的职业。但是，工作时要听别人讲好几个小时消极的事情，自己内心也难免会受到影响。这项工作精神压力很大，心理方面也会很紧张。

没在大学学过心理学的人，想从零开始当上"公认心理师"是相当困难的。大学4年加研究生2年（或者临床研究2年），要耗费6年才能取得资格。

4年制大学毕业的人可以直接编入"3年级"，因此是大学2年加研究生2年，合计4年。而且接下来还必须通过国家资格考试才行

（合格率约为80%）。

　　这会耗费很多时间和金钱。如果是目前在读高中的学生将来想读心理学专业，那倒另当别论，但如果是已经参加工作的人现在想考"公认心理师"资格，就相当困难了。

　　和以往属于协会资格的"临床心理师"相比，"公认心理师"属于国家资格，所以"公认心理师的心理辅导"今后很可能纳入保险。这样一来，医院将会雇用更多的心理师。

　　需要接受心理辅导的人大量存在。可以预见到，心理师的用武之地必将越来越多。可以说，**正因为考取这项资格的难度很大，所以取得这项资格会对就业和转行很有帮助。**

　　心理师在学成之前和之后都很不容易。但是，它无疑是一份有意义的工作。即使困难重重，你也依然下定决心想当心理辅导员的话，请一定要好好努力。

成为公认心理师的主要途径

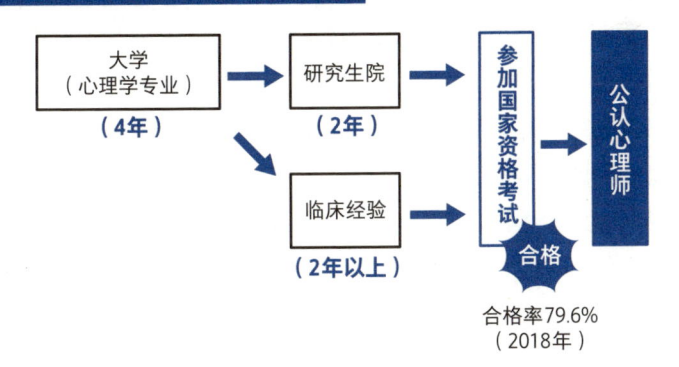

大学（心理学专业）（4年）→ 研究生院（2年）→ 参加国家资格考试 → 公认心理师

大学（心理学专业）（4年）→ 临床经验（2年以上）→ 参加国家资格考试 → 公认心理师

合格

合格率79.6%
（2018年）

大学毕业生可以直接编入"3年级"，因此最少可以用2年修满学分。大学课程也可以通过"电视大学"的方式。实际上还有很多复杂的条件，请详细查看厚生劳动省的网站。

明确"为什么想学"。
只要有决心，就能努力取得资格。

CHAPTER6 LEARN

70 读研究生

——既然要读，就要做好"受苦"的心理准备

很多人想在大学毕业后继续读研究生深造，或者想一边进入社会工作，一边读在职研究生。事实上，我有好几位朋友也正在读在职研究生，也有的已经毕业了。

从结论来说，读研究生要写学位论文才能毕业，实在太辛苦了，所以我不建议读研究生。硕士课程还好一些，博士课程就更辛苦了。

有很多人向我倾诉苦恼："没想到读研究生原来这么辛苦。""我跟研究生院的指导教授合不来，太痛苦了。""我被迫研究一些自己不感兴趣的东西。"……

如果读研究生对你的人生绝对有必要的话，那就应该去读。但如果是出于消极的理由，例如"找工作很难所以先读研吧""我还不想进入社会工作"……那么你多半都会后悔的。

去读研究生的理由有：（1）非常想师从某位教授学习某项专业；（2）想拿到博士学位后去国外留学；（3）将来想从事研究工作……

我是因为想去国外留学而拿到了博士学位（是论文博士而非读博）。但那几年非常辛苦，简直就是过着地狱般的生活——每天完成正常工作后还要做4～5个小时实验，回家时都快赶不上末班电车了，每天约有14个小时被工作和学习束缚着……但那之后我得以留学美国，所以感觉还是值得的。

读研究生嘛，与其说是"上学"，不如说更像是以研究生的身份"干活"。甚至听说有的教授还把研究生当打杂似的随意使唤。

读研究生要做大量"课题"。在职研究生白天要工作，周末又要上课，到头来只能削减睡眠时间。做研究、整理研究结果、写学位论文（大多是用英文写），这些也需要大量时间，而且精神压力非常大。

几年时间，几百万日元的学费。如果换来的是"后悔读了研究生"，那将是"人生的巨大损失"。

即便去听研究生院的招生说明会，他们也不会告诉你读研究生如何辛苦。大多数人都是入坑以后才惊讶地发现："原来读研这么忙啊！"

请你先调查清楚。可能的话，直接咨询自己想去的那所研究生院的在读生或毕业生，或者咨询其他大学的也行。还要上网查一下学校的评价，关于教授、指导教师的研究内容也要了解清楚。还必须看指导教师的著作和论文。

对于你的人生来说，读研究生是"百分之百有必要"吗？

毫不犹豫地回答"是"的人，请你做好"吃苦"的心理准备，上路吧。学问的特别乐趣，需要通过研究才能体会出来。

> 绝不能为了逃避现实而去读研究生。
> 要先调查清楚。

71 玩

——促进自我成长的"主动娱乐"

玩，能算得上是"输入"吗？

只是觉得"开心""有趣"地玩，不能算输入。只有在玩的过程中有所"启发"，能促进"自我成长"，才算是有益的输入。

娱乐分为两种。提出了"心流"概念的契克森米哈教授是研究专注力的世界权威，他把娱乐分为"被动娱乐"和"主动娱乐"。

看电视、打游戏、玩手机之类，几乎不需要专注力也不需要专业技能的属于"被动娱乐"；而阅读、运动、桌游（国际象棋或将棋）、演奏乐器等，需要专注力、设定目标以及提升技能的则是"主动娱乐"。

"主动娱乐"时间长的人容易进入心流状态（精神高度集中而达到忘我状态）；而经常"被动娱乐"的人则难以进入心流状态。

契克森米哈教授认为，发挥个人能力的心流体验会使人成长，而"被动娱乐"却毫无收获。"主动娱乐"将会训练你提高专注力，促进自我成长；而"被动娱乐"只是浪费时间而已。你希望把自己的宝贵时间用在哪种娱乐上面呢？

不过，同一项"娱乐"也可能因个人做法而在"被动娱乐"和"主动娱乐"之间互相转换。看一场电影，只是觉得有趣的话，就属于"被动娱乐"；而集中精神地观看电影，以求从中获得启发，而且看完后还进行输出的话，就属于"主动娱乐"。

以我的爱好"威士忌"为例，如果只是整天喝得醉醺醺的，觉得好喝就完了，那就是"被动娱乐"；但如果我专注于品味酒的香醇，把结果写成品酒心得体会，而且为了参加威士忌水平测试而进一步学习的话，就显然是"主动娱乐"。

能满足"提高专注力""设定目标""提升专业技能"这三个条件的话，就属于"主动娱乐"。

虽然同样是玩，但有的是"被动娱乐"，有的是"主动娱乐"。"主动娱乐"能变成有益的自我投资和自我成长的机会。

"被动娱乐"和"主动娱乐"

"被动娱乐"	"主动娱乐"
看电视，打游戏，玩手机	阅读、桌游（将棋、围棋、国际象棋）、乐器演奏、跳舞、运动
不需要专注力和技能（玩累了也可以继续玩）	需要专注力、设定目标、提升技能
难以进入心流状态	容易进入心流状态
降低专注力的训练	提高专注力的训练
无助于自我成长	加速自我成长
浪费型的娱乐	自我投资型的娱乐

参考《心流体验入门——快乐和创造的心理学》
（米哈里·契克森米哈著，世界思想社，2010年）

> 既然要玩，就"主动地"玩。
> 设定目标，努力提高。

72 会玩

——把"玩"的活动安排也写出来，以此确保落实

日本人不太会玩。比起"玩"，他们更优先"工作"，亲手炮制着枯燥乏味的每一天。

自从《劳动方式改革相关法案》施行之后，长时间加班行为遭到了禁止。再加上有处罚规定，因此日本人的工作时间肯定会不断缩短。

结果，自由时间会随之增加。但如何利用这些自由时间呢？是游手好闲地度过，还是通过"主动娱乐"实现自我成长呢？"会玩"这件事正变得比以往更加重要。

"玩"可以消除疲劳、恢复精神。无法消除疲劳的话，会导致工作效率下降。而会玩的人却能迅速完成工作，长期做出成果。

（1）写进活动计划表

如果确定要玩，在决定的那一刻就要写进活动计划表。比如去国外旅游等，即便日程还没正式确定，也要先暂时写下大概的日程，暂定出活动安排。而且，如果这次活动对你很重要的话，就应该优先确保实施这项计划。

经常听到有人说："临时安排了工作，不能去国外旅游了。"——可是，明明是你自己把工作安排进来了，你完全可以拒绝的呀。所以，归根结底，其实是你自己减少了"玩"的机会和"享受人生"的机会。

（2）写下"玩"的TO DO列表

在我的每月计划表上，记录着本月想看的全部电影。另外，在每天早晨写的TO DO列表上,也会添加"玩"的事项,例如"19:00 电影《波西米亚狂想曲》"。

写下"玩"的TO DO列表,这次活动实现的概率就会大幅度提高。

例如,写下"19:00 电影《波西米亚狂想曲》"之后,你就必须在18点半结束工作,19点到达电影院。这样能使你分泌去甲肾上腺素,提升工作效率,确保在18点半的时候完成工作。

如果头脑里只是漫不经心地想着"工作结束后要去看电影",就缺乏紧迫感,导致工作完成时已经超过19点,最终看不成电影了。

此外,在我的每月计划表上,还按上映日期记录着想看的电影。这样做,可以把错过某场电影的概率降低到一半以下。

一视同仁地对待"玩"和"工作",用"活动计划表"和"TO DO列表"管理时间,这就是"会玩"的最大秘诀。日本人应该变得更加贪玩才行。

把"玩"的活动安排全部写出来

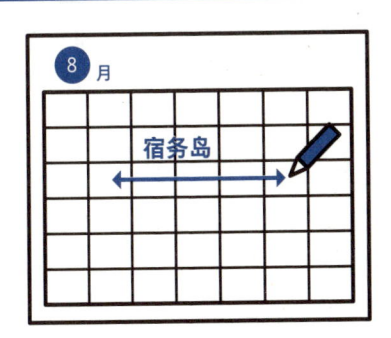

8月 / 宿务岛

5/13的TO DO列表
- 10:00 和○○先生开碰头会
- 13:30 访问××公司
- 19:00 电影《波西米亚狂想曲》@△△电影院

把活动计划写出来,能提高实现的概率

把"下次放长假想玩什么"写进计划表吧。

73 外出旅行

—— 开拓视野，许多的感动能改变人生

人们总说："旅行使人成长！""旅行能改变人生！"真的是这样吗？我每年去国外旅游6个星期，国内旅游4个星期，一年下来有两个多月是在外旅行的。

如此热爱旅行的我总结了7点旅行的好处，在此告诉大家。

（1）获得启发和知识

旅行，能让你体验异国语言、异国文化、异国世界。你可以从不同生活方式、不同人生、不同生活习惯的人们身上获得许多启发和知识。

（2）开拓视野和价值观

看到自己不了解的世界，可以开拓视野；遇见不同价值观的人，可以拓展价值观。

（3）提高耐压性和危机管理能力

旅行路上一定会碰到麻烦，比如丢东西、遭遇小偷、坐不了飞机、行李提不出来等。巧妙地克服这些困难，能提高你的耐压性。而灵活地处理问题，则能提高你的危机管理能力。

（4）感动

欣赏美丽的风景，品尝美味的食物，感受别人的亲切和无忧无虑的笑脸……旅行会带来无数感动。而感动能改变一个人，使他成长，改变他的人生。

（5）加深关系

一同出去旅行的话，会有很长一段时间共同相处，由此可以加深相互之间的关系。所以，请跟你喜欢的人——你的伴侣、孩子、朋友、恋人等一起出去旅行吧。

（6）看清日本的优点和缺点

到了国外，你就明白日本有很多优点——没有哪个国家像日本这样治安良好、安全、干净。同时，你也能看清日本的缺点——例如"满员电车""工作至上"，等等。我们可以从中获得启发，改善自己的生活。与此同时，也会感觉到"生在日本很幸福"，对每一天的生活常抱感恩之情。

（7）自我成长，改变人生

旅行有这么多好处，能带给你诸多感动，也能带给你许多启发，实现自我成长。有时甚至还能获得足以改变人生的震撼体验。

当然，旅行中也必须随时输出。你不妨也多出去旅行，尝试改变自己的人生吧。

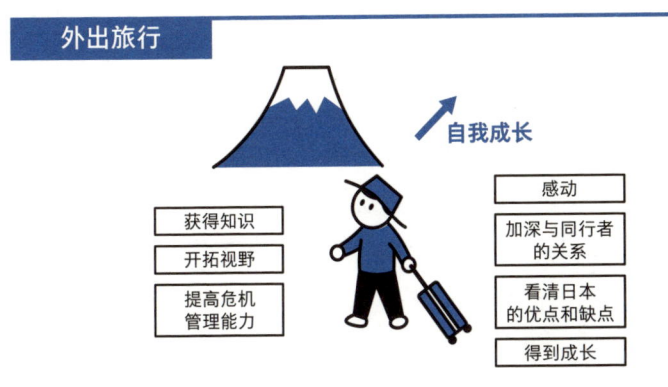

外出旅行

自我成长

- 获得知识
- 开拓视野
- 提高危机管理能力
- 感动
- 加深与同行者的关系
- 看清日本的优点和缺点
- 得到成长

想去哪里旅行，可以先上网搜索一下，以加深印象。

74 国内旅行

——"乘电车30分钟就到"的车站也能带来启发

根据外务省的调查,日本人的护照持有率为24%。没想到,每4个日本人里竟有3个不去国外的。不过,"因为没钱和没时间而去不了国外旅行"的人,也可以在国内旅行。

下面我就告诉大家4个要点,让你们在享受国内旅行的同时加深学习。

(1)出差时顺便观光

我从脸书上看到有很多人去北海道或九州还能当天来回,不禁感到诧异。当我到外地出差时,如果是第一次去,前后加起来经常要住上两天。花了这么多时间和钱去到那个地方,如果只办完公事就回来,那就太可惜了。

专门请假去国内旅行比较难,但只要稍微做些安排,就能在出差时顺便增长见闻。

(2)请当地人带路

一个人到处逛固然很自由,也很开心,但如果能请当地人带路就更好了。他们可以告诉你导游手册上绝对没有的东西——比如只有当地人才知道的景点,或该地区的文化、独特的生活方式和思维方式、习惯等。旅行不只是到观光地走一圈,接触那片土地的文化和历史也是旅行的妙趣所在。

(3)跟专家一起逛

前些天,我在"神社开运顾问"白鸟诗子女士的带领下,一天之内走访了东京都内的4所神社。我没想到，在六本木和神保町等平时常去的地方居然有氛围绝佳、抚慰人心的神社！在一连串的惊讶和发现之中，我获得了许多知识——这些知识是白鸟女士这位每年参拜150所神社的专家才知道的。

像这样跟专家一起逛的话，即使是平时常去的场所和地区，也会有全新的发现和收获。

（4）在附近一带逛街

没钱、没空去国内旅行的人，不妨重新审视一下自己的附近一带吧。只要乘电车30分钟，就会有很多你从未到过的车站，有很多你从未走访过的商店街、神社、寺庙、公园、自然景点。

行走在从未去过的地方，脑内会分泌"灵感"物质乙酰胆碱，因此能起到锻炼"想象力"和"创造力"的作用。

走出自己的舒适区，就会有所发现，获得成长。

从未到过的车站会有很多"发现"

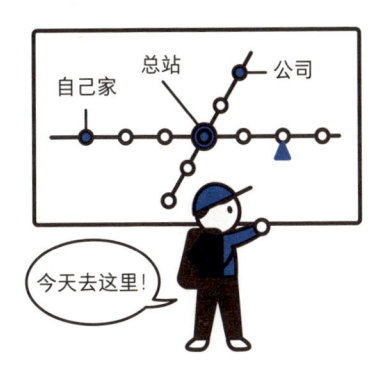

| 自己家 | 总站 | 公司 |

今天去这里！

这地方竟然有俄罗斯餐馆……

这藤萝架这么漂亮，却没什么人发现！

> 不必先上网搜索，兴之所至地在某个车站下车逛一逛吧。

75 国外旅行

——把国外旅行当奖励，就会提高工作热情

进入社会工作后，我每年必去国外旅行1次以上。迄今为止，我已经走访过全世界30多个国家。最近，每年有6个星期在国外度过，应该算是非常多了。每次去国外时，我都必定会做或者会意识到以下这几点。

（1）确定旅行的主题

<u>出去旅行时，要确定"目的"和"主题"，按其目的收集信息，彻底地深入挖掘下去。</u>比如说："参观苏格兰的威士忌酿酒厂，体验威士忌诞生之地的风土和文化。""都说澳大利亚人懒，为什么他们的劳动生产力比日本人还高呢？""以色列为何自古以来就纷争不绝呢？"等等。

解决自己心中的疑问、不断追求好奇心是无比快乐的事。你将打造出世界上独一无二的旅行计划，获得独一无二的体验。通过"描绘自己的故事"而产生震撼人心的感动。

（2）尽可能每天输出

旅途中的细小体验很快就会忘记。即使拍照留念，每天也会有层出不穷的新体验，以至于很快就会把细小的体验遗忘掉。这实在太可惜了。

所以，<u>旅行途中必须要输出</u>。在旅行途中，我也会每天早上花1个小时写推送消息。如果没时间写成文章，那么把感动的细节记下来也行。

(3) 拍摄视频

拍摄视频也有"记录"的作用，但对于我来说，更重要的是体验"分享"的乐趣。我希望看视频的人也可以了解和感受到这片风景的美丽和当地的氛围。我想分享感动。

此外，拍摄视频还能使当时的情景强烈地印刻在记忆中，对于强化旅途记忆也是再适合不过的。

(4) 去当地最好的餐馆

既然难得去一趟国外，就去当地最好的餐馆吧。虽然多少会破费一点，但可以获得极其特殊的体验。

至今，我仍会和妻子说起15年前去过的那家餐馆："那家餐馆实在是太好吃了。"如果能收获一份可以与人分享15年之久的"美好回忆"，那么再昂贵的餐费也不算贵了。享受"最高级的体验"时，一个人的"频道"也会随之转换。最近，还可以从国内在线预约国外的一流餐厅，非常方便。

(5) 请当地的朋友或熟人带路

如果在国外有朋友或熟人的话，可以请他们陪同游览，为你带路。旅游团的导游只会带你去观光名胜，而朋友却能带你深入当地生活，或去那些导游手册上找不到的景点。最重要的是安心感。这样可以深入地挖掘旅行的意义。

(6) 随机应变，时而享受悠闲之旅

不要把行程安排得太满，最好留出一定的时间，以便可以随机应变进行更改。有时你可能临时突然想去某个地方，而那份体验说不定会使你永生难忘。在风景怡人的咖啡馆悠闲地坐上1个小时，这也是旅行的妙趣，是一种难得的"奢侈"。

(7) 听当地人的实际评价

无论事先在网上查得多仔细,终究比不上当地人提供的信息。你只要问一句:"请告诉我哪家餐馆比较好吃?"就可以从旅游团导游、出租车司机、酒保、服务生、饭店员工等各种人那里打听到相关信息。很多时候,还会以此为契机开始愉快的谈话。

(8) 去超市

去到超市一看,当地人平时吃什么食物就一目了然。要研究饮食文化,就必须去超市。另外,你还能了解物价,体会在当地生活的感受。特产和水之类也是在超市买会便宜得多。

(9) 预约直达当地的旅行

难得到了国外,为了不至于连和导游以外的外国人说话的机会都没有,不妨预约直达当地的旅行吧。这样,你就可以和当地人(即外国人)一起旅行。午餐也是围坐在同一张桌子上吃,因此自然会产生对话和交流,还有可能发展成互留邮箱地址和手机号码的关系。如果通过日本的旅游公司预约,团里就会全是日本人。

(10) 使用"猫途鹰"

https://www.tripadvisor.jp/

如果是去大城市旅游,既有导游手册,又可以上网搜索,信息来源很多。但如果是国外的中小城市和游客较少的城市,相关信息就很少了。这种情况下,国外旅行大众评论网站的权威——"猫途鹰"就可以派上用场了。

英语的评论也能全部自动翻译成日语阅读,十分方便。还可以立刻找到直达当地的旅游路线。

另外,还有一个诀窍——在"猫途鹰"上写点评能"积攒里程",每月最多可以攒到1500英里。因此,只要好好积累,1年就能攒到1万英里以上。

国外旅行需要钱和时间。正因如此，你既要努力工作，又要学会安排时间。为了去国外旅行而努力，还能变成促进"自我成长"的正能量。

| 在国外接触当地的"第一手"信息 |

哪家餐馆比较好吃？

问当地人的评价 　　去逛超市

直达当地的旅行 　　请住在当地的朋友带路

> 去到国外，打破自我封闭的圈子，尽情享受当地的空气吧。

第六章　激发各项能力的最强学习方法 LEARN

CHAPTER6 LEARN

76 吃

—— 获得幸福的最简单方法

只要每天能吃上一顿美味的饭菜，就会让人觉得："这一天是美好的，幸福的。"享用美食是获得幸福的最简单方法。

午餐只要花1000日元就能吃到相当可口的食物。只要对"吃"有讲究和探求心，就能让人生变得幸福。

身体摄入食物，表现为身体成长和精神变化——从这层意义上说，"吃"也算是一种输入吧。

首先，让我们想想"吃"有哪些好处吧。

【"吃"的5个好处】

（1）变得快乐和幸福

吃到美食，心情将变得快乐，因为大脑会分泌出幸福物质多巴胺。而吃到油腻的东西和甜食会分泌脑内麻药物质内啡肽。疲劳时吃面食或甜食能振作精神，这是有脑科学根据的。

（2）提升动力

作为对努力工作的奖赏，吃一顿美食——我经常这么做。"稿子今天就写完了，完工后去吃寿司吧！"想到这里，我就会干劲十足。期待奖励会使大脑释放多巴胺，因此可以提升动力。

（3）维持健康，预防疾病

吃得过多将导致肥胖，过度节食又会导致营养不良，影响健康。只有保持营养均衡的饮食，才能实现健康。注重饮食健康，就可以预防疾病，延年益寿。为了维持健康，预防疾病，必须注意自己的饮食。

（4）提高交流能力和亲密度

一起吃顿饭，就可以加深与家人或恋人之间的关系。吃饭是交流的润滑剂。另外，"哪家餐馆比较好吃"之类关于"吃"的话题也是很能活跃气氛的。

（5）活着

"吃"就是"活着"本身。觉得"没有胃口""食物不好吃"时，说不定就是罹患精神疾病或身体疾病的征兆。医生问诊患者时，也一定会问"食欲如何"这个问题。

每天都有胃口吃饭，说明身体健康。否则，就有可能偏离了健康轨道。

为了活得开心和健康，"吃"是必需的。我们大可以在"吃"这件事情上倾注更多能量。

"吃"的5个好处

- 变得快乐和幸福
- 提升动力
- 维持健康，预防疾病
- 提高交流能力和亲密度
- 活着

对"吃"倾注更多能量！

> "吃"就是"活着"。
> 对"吃"抱有更多探究心吧。

77 光顾"好吃的餐馆"

——如何不被"评分"迷惑而找到"好吃的餐馆"

怎样才能找到"好吃的餐馆"呢？怎样分辨餐馆的各种评价并输入相关信息呢？——现在，我来告诉大家寻找"好吃的餐馆"的法则。

（1）朋友的评价

网上发布有许多与"好吃的餐馆"相关的信息，美食杂志上也有。我也依据这些信息光顾了很多餐馆，但可谓良莠不齐。

最好是听自己朋友的评价。朋友带你去他中意的餐馆，肯定不会让你失望。因为你的朋友和你有很多共同点，比如年龄、性别、职业、嗜好、消费理念等，所以你们的口味偏好应该比较相似。

（2）照片

很多人会参考Tabelog网站，但其实在Tabelog上，店铺的评论数量不多就得不到高分。因此，虽说得分高的餐馆好吃的可能性大，但并不代表得分低的餐馆就不好吃。那么，应该看哪些地方呢？

——答案是"照片"。我在Tabelog上从来都是只看照片。餐馆官网的照片是找专业美食摄影师拍摄的，所以每个网站的食物都看起来很好吃。

但是，Tabelog上的照片是普通人用手机拍的，所以会呈现出食物的"素颜"。如果连普通人拍出的"素颜"照片看上去都非常好吃，那么实际吃起来应该也不会差。饮食这件事是"一好百好"，味道有讲究的餐馆，对盛放食物的器皿也会精益求精。

(3) 地理位置

地处偏僻位置的餐馆，大概率是好吃的。要从车站走10分钟左右才到的偏僻地方，有着"隐藏好店"。其实，我本人喜欢的餐馆也大多离车站很远。

也有的离车站虽近，但却开在某个小巷子里，或藏身于某大楼第4层。选在远离车站或靠近车站但较隐蔽的地段，租金比较便宜。租金便宜，就可以提高成本率，用得起好食材。

(4) 店面

味道讲究的餐馆，应该也会注重店面。另外，从一家餐馆的店面也看得出店长的品性，因此也可以知道这家餐馆是否适合自己。

只要吃到美食，就会变得幸福。请一定要找到你公司或自家附近的"隐藏好店"，品尝幸福的味道。

好吃的餐馆藏身于"交通不便"之处

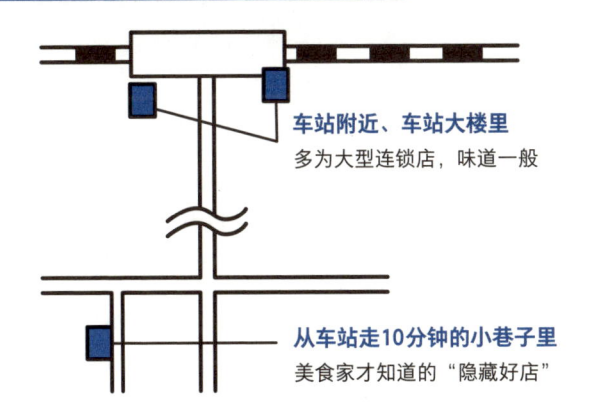

车站附近、车站大楼里
多为大型连锁店，味道一般

从车站走10分钟的小巷子里
美食家才知道的"隐藏好店"

> 吃，能使人精神焕发。
> 找到你自己最爱的一道佳肴吧。

第六章 激发各项能力的最强学习方法 LEARN

78 饮酒1

——"每天1杯啤酒+每周2次休肝日"为适量

说到"吃",则会想到喝酒。可是喝酒对健康好不好呢?

1981年,英国马尔莫博士公开表示:"与酗酒或滴酒不沾的人相比,适度饮酒的人死亡率更低。"饮酒与死亡率的关系如右图所示,被称为"J形曲线"。

J形曲线

（纵轴：死亡率、患病风险；横轴：1天的饮酒量）

之后,全世界开展大规模研究,发表了支持J形曲线理论的研究结果。然而,最近的研究发现,"少量饮酒可降低患病风险"仅限于缺血性心脏病、脑梗塞、2型糖尿病等少数疾病,而对于患有高血压、高脂血症、脑出血、乳腺癌等疾病的人来说,增加饮酒量会提高患病风险。另外,还有一些研究否定J形曲线,认为J形曲线趋势仅限于发达国家的中年男女。

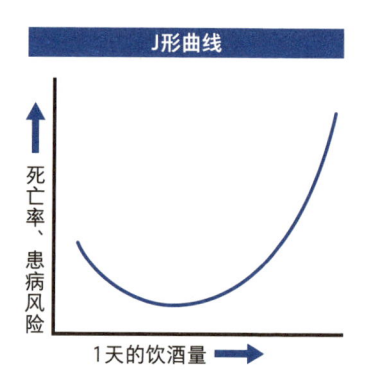

无论如何,少量、适量的饮酒可以认为对健康无害（伤害较小）。但至于这个"适量"到底是多少,也有争论。

在厚生劳动省发布的"健康日本21"计划中,基于日本大规模研究的结果,将适量饮酒的范围明确为"1天摄入纯酒精平均20g左右",这相当于1瓶500ml罐装啤酒的分量。

根据一项2018年由英国剑桥大学牵头举行的研究结果（以60万人为对象）,不增加死亡风险的安全饮酒是每周不超过5杯啤酒（500ml）。这与各国以往制定的适量饮酒量标准比起来,算是相当低的一个数字了。

按"健康日本21"计划中的适量饮酒标准，每周拿出2天定为"休肝日"的话，正好达到这个标准。

不损害健康的每日饮酒量标准

啤酒
1瓶（500ml）

日本酒
1合（180ml）

威士忌
1杯双份（60ml）

烧酒（25度）
半杯（100ml）

葡萄酒
2杯不到（200ml）

葡萄酒
1瓶（350ml）

参考"健康日本21"计划（厚生劳动省）

> 了解饮酒的"适量"标准，为了健康，不要过量饮酒。

第六章　激发各项能力的最强学习方法 LEARN

CHAPTER6 LEARN

79 饮酒2

—— "睡前喝酒" 成为导致睡眠障碍的原因

先不论饮酒量的问题,睡前喝酒对健康的危害可以说是非常大的。

根据某项调查,睡前喝酒的日本人占总人口的30.3%,相当于每3人中就有1人。很多人以为"睡前喝酒对睡眠有好处"。其实,酒虽然多少有利于入睡,却会妨碍持续睡眠,让你一大早醒来,然后就睡不着了。睡眠质量也显著降低,还无法消除疲劳。酒是导致睡眠障碍的重大原因。

如果当天去聚餐喝了酒,只要隔2个小时再上床睡觉,酒精就代谢得差不多了。

饮酒量虽然也很重要,但更需要注意的是饮酒方式。如果喝酒的方式不对,不仅容易增加饮酒量,还会对精神造成极其负面的效果。

很多人想着"喝酒可以发泄紧张情绪",但喝酒将导致分泌更

喝酒对睡眠的影响

1. 比较容易入睡 ○
2. 妨碍持续睡眠 ✗
   (睡眠时间缩短)
3. 一大早就醒来 ✗
4. 睡眠质量显著降低 ✗
5. 无法消除疲劳 ✗

➡ 喝酒是睡眠障碍的重大原因

多压力荷尔蒙中的皮质醇。另外，长期饮酒会降低耐压性，弱化抗压能力，而且还会令人更加"抑郁"。

酒精可以激活抑制大脑兴奋的GABA神经递质。也就是说，喝酒具有服用镇静剂般的效果，但这只能起到"延期"的作用而已。

那么"正确"的饮酒方式是什么呢？答案是："快乐地"喝酒。实现某个目标时，喝酒以示庆祝和奖励。与亲密的伙伴和朋友一边喝酒，一边畅聊。酒是交流的润滑剂。

注意饮酒量，不要每天喝，不要睡前喝……只要遵守这些基本的原则，"快乐地"喝酒，酒就一定能使你的人生更加快乐、更加充实。

正确的饮酒方式

正确的喝酒方法	错误的喝酒方法
快乐地喝酒	为了发泄而喝酒
庆祝和奖励	为了"逃避"而喝酒
愉快的话题、积极的话题 畅谈理想	一边喝酒一边发牢骚或说人坏话 消极的话题
与亲密的伙伴和朋友一起畅饮	独自喝酒
用酒加深交流	破坏交流的错误饮酒方式 （引起争吵、打架、失去记忆等）
每周2天以上设为"休肝日"	每天喝酒
适量饮酒	过度饮酒以至于宿醉
稍微酒醒之后再去睡 （减轻对睡眠的不良影响）	睡前喝酒（为了助眠而喝酒，喝完酒立刻睡觉）
喝酒的同时喝点水 （促进酒精分解）	只喝酒

睡前喝酒绝对NG。"快乐地喝酒"OK。
喝酒需要遵守一定的原则。

80 学习烹饪

——激活大脑，还能锻炼规划能力

我热衷于上烹饪课。我家附近有一个烹饪培训班，著名烹饪大师任讲师，隔周开设烹饪课程。因为做出来的面包也能顺便当作午餐吃，我和妻子每月大概都会去参加一次。

从脑科学和精神医学来看，"学习烹饪""大家一起做菜"具有非常好的效果。因此我十分推荐学习这项技艺。

"学习烹饪"有哪些好处呢？我试着归纳了一下"烹饪"的科学效用。

（1）烹饪可以激活大脑

因"脑锻炼测试"而闻名的东北大学川岛隆太教授曾与东京瓦斯公司做过一项共同研究，他们用光学测绘测量了烹饪时的人的大脑，观察到烹调时大脑半球的前额叶皮层和前额叶背外侧皮层（与工作记忆和行为计划、策略等相关联的部位）被激活了。

除了烹调以外，人在设计菜谱时，也观察到了同样的变化。通过烹调，可以激活大脑。

（2）锻炼工作记忆和规划能力

烹饪时要同时完成如切菜、准备食材、煮、烤等多项工作。也就是说，如果不灵活运用大脑的工作记忆机能，就无法井井有条地开展工作。因此，烹饪可以锻炼人的工作记忆。

烹饪时，需要同时考虑"下一步做什么"，所以也是锻炼规划能力的绝佳训练。

（3）预防阿尔兹海默症

烹饪过程由多道复杂工序组成，例如给蔬菜去皮、切成同样大小等，需要灵活地运用双手。演奏乐器、手工艺、烹饪等需要灵活而复杂地运用双手的轻活儿，能够起到预防阿尔兹海默症的作用。

为家人做一顿饭，就能让他们高兴，得到他们的感谢。烹饪可以满足"为家人（社会）做贡献"的自我存在感，因此具有预防阿尔兹海默症的效果。

（4）加深交流

烹饪可以深化交流。夫妇或亲子之间一起烹饪也是非常好的事。

专注于烹饪还可以取得"正念减压法"的效果。另外，还具有缓解压力、转换心情等各种效果。

"烹饪"能激活大脑

> 首先做饭。
>
> 煮汤时，可以同时切菜。
>
> 切肉之前先切菜，这样不会弄脏菜刀。

烹饪能锻炼规划能力

> 和家人、恋人、朋友一起做一顿丰盛的美食吧。

THE POWER OF INPUT

第七章

飞跃提升输入能力的方法
（应用篇）

ADVANCED

CHAPTER 7 ADVANCED 精致化记忆

——谁都玩过的"谐音法"是最强的记忆法

关于输入方法的内容进入应用篇了。接下来,我就把有学术理论依据的真正的输入方法告诉大家。

我多次强调过:"只要反复地输入、输出和反馈就可以促使自我成长。"但实际上,大脑的机制并不是如此简单。大脑当中进行着非常复杂的工作和处理,尤其是"输入与输出之间"非常重要。

将输入的东西记住,然后进行输出。例如,背英语单词,然后到考场上答题——这期间进行了怎样的处理呢?

——以"记忆的3个阶段"进行处理,即"记住""保持""回忆"。首先"记住",然后"保持"记忆,接着进行"回想",最后写下来。这个过程在认知心理学中已经得到了充分的研究。

要想强化记忆,有两种策略:"持续性彩排"和"精致化彩排"。

"持续性彩排"是指反复多次地记忆。例如:一边朗读英语单

输入与输出之间

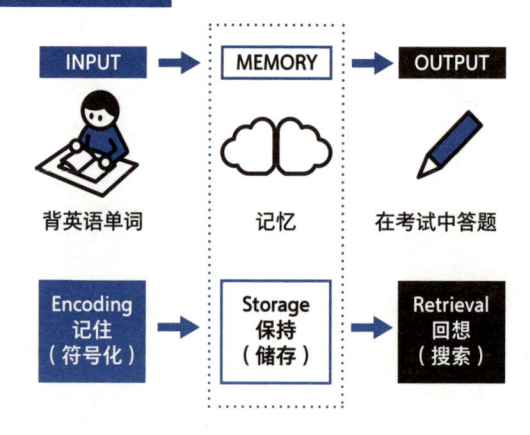

INPUT → MEMORY → OUTPUT

背英语单词 — 记忆 — 在考试中答题

Encoding 记住(符号化) → Storage 保持(储存) → Retrieval 回想(搜索)

词，一边反复多次地抄写并记住。

而"精致化彩排"是指通过附加、整合使信息复杂化，增加信息容量，以此帮助记忆。"谐音法"就是最好的例子。

例如，要想记住"火枪传来，1543"[①]这个知识点，是反复多次地朗读、抄写记得更快，还是运用"火枪传来，一屋死伤（1543）"的谐音法记得更快呢？——答案绝对是谐音法，即精致化记忆。

强化记忆的两种策略

"持续性彩排"
反复多次朗读

"火枪传来，1543。火枪传来，1543。火枪传来，1543……"

难记易忘，浪费时间

效果差

"精致化彩排"
附加、整合信息
补记、整理、归纳、谐音法等

"火枪传来，一屋死伤。"

易记难忘，节省时间

效果好

容易记住，难以忘记，容易想起。精致化可以强化记忆3个阶段"记住""保持""回想"的每一个过程，是最强的记忆法。

那么，在实际的学习工作中，我们该如何运用精致化呢？我归纳了7个方法。

（1）补记

补记背景和意义、预备信息、追加信息，增加信息容量。

[①] 1543年，火枪传到日本。

例:"一些葡萄牙人漂流到了种子岛。这里的领主——种子岛时尧从他们手上购买了两支火枪,并彻底进行研究。数年后,制造出了可用于实战的火枪。"

把老师或讲师所讲的内容补记到课本或总结纸上。

(2)联系

把相似的或同系列的事物联系起来;进行对照和比较;与自己知道的相关知识联系起来。

例:"1543年,火枪传来,从葡萄牙。""1549年,基督教传来,从西班牙。"(对照、比较)"织田信长在长筱之战中使用了最新武器火枪而大获全胜。"(相关信息)

(3)复述

替换成其他说法、自己的语言;概括总结;自己说明;用自己的话向别人说明。

(4)故事化

谐音法;附加有助于想象的情景;通过明白易懂地向别人说明而记住情节。

例:"火枪传来,一屋死伤(1543)""山巅一寺一壶酒($\pi=3.14159$)"。

(5)整理、归纳(**系统化**)

运用图表;层次化;分组。

例:自己制作图表;制作总结笔记;运用思维导图。

(6)可视化(**双重符号化**)

利用图片、照片、插图;有研究表明,使用图片的记忆效果比单纯的文字强6倍。

例：社会科目的补充教材上有大量照片和图画；自己画插图或绘画以帮助记忆；"涂鸦"也有效果。

（7）省察

针对学过的东西自问自答；阐述自己的意见和感想；按自己的方式进行分析、观察；思考如何提问；调查解决问题点。

例：听完研讨会后写"启发""TO DO""感想"。还有"提问"，也属于省察。

在会议中途或结束后，写下自己的意见和问题点。

何为精致化

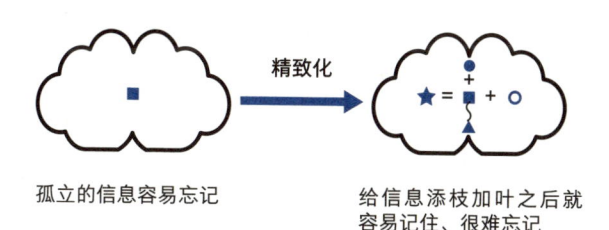

孤立的信息容易忘记　→ 精致化 →　给信息添枝加叶之后就容易记住、很难忘记

> 停止"死记硬背"，结合背景和相关信息进行记忆吧。

CHAPTER 7 ADVANCED 输入后立刻输出

——"刚结束时"的"回想练习"可以增强记忆

假设你看了一场电影。电影内容记得最清楚的是什么时候呢？——肯定是在刚看完电影的时候。

刚刚看完电影时，连影片中的琐碎台词都还记得。过几个小时就变得印象模糊。到了第二天，细节部分已经忘记得差不多了。

好不容易进行了宝贵的输入，要是不尽快输出的话，每时每刻都会从记忆中流逝。

那么，输出的最佳时机是什么时候呢？——**在刚输入完的时候**。换句话说，如果是看电影的话，就是刚看完的时候；如果是参加研讨会，就是刚结束的时候。

我看完一部感人的电影时，会在笔记本上进行"全面输出"。自己得到的启发、铭记在心的场面、对该场面的解释、自己觉得重要的地方……从脑海中喷涌出来似的统统记在笔记本上。

当我真正被感动时，一走出电影院，我就会找张椅子坐下，开始写。有时，我也会跑进离电影院最近的咖啡馆，坐下，开始写。要趁热打铁。既然要做"全面输出"，当然是越快越好。

不看任何提示而把记住的东西写出来，叫作"回想练习"。抄写课堂笔记基本没什么意义。而不看任何提示、只靠记忆写出听课内容，这才是强有力的"回想练习"，有助于巩固记忆。

另外，大家也许已经注意到了，"全面输出"包含了"精致化"的绝大多数要素——例如：补记、联系、整理归纳、省察等。这样能取得强烈地增强记忆效果。

听研讨会时，可以一边听一边做笔记。等到全部结束后，再重新整理一下"启发"和"TO DO"吧。听完整场研讨会才能得到的感想和灵感、总结等，都要补记到笔记本上（精致化）。

研讨会结束后，常常设有10分钟左右的填写问卷调查的时间。你可以利用这段时间写到自己的笔记本上去。

会议和碰头会也是如此。在结束的那一刻，把能想到的东西都记在笔记本上，例如：问题点、疑问、未解决的问题、提议等。因为10分钟后要做别的工作，所以最好在结束后的几分钟内完成所有的整理工作（输出）。

> 在输入之后，留出"5分钟"时间用来巩固记忆。

构建脑内信息图书馆

CHAPTER7 ADVANCED

——实现达成目标的"曼陀罗九宫格"

你的头脑是"垃圾堆"还是"整理得井然有序的图书馆"?

我每月会开几次YouTube直播,在线回答观众即时提出的问题。事前完全没准备,都是当场读出提问,3秒钟后开始作答。第一次看到这种情形的人会觉得很惊讶。

为什么我只要思考3秒钟就能回答各种问题呢?那是因为我的头脑中有一座图书馆。迄今为止输入进来的信息,都分门别类地进行整理,收纳进这座"井然有序的图书馆"的各类书架上。因此,我只需要思考3秒钟就能回答出各种问题,如同我头脑中安装了谷歌搜索一样。

当别人问起你关于3个月前读过的书的问题时,你能立刻作答吗?我想,大多数人都回答不出来吧。我说过,只要"整理"就可以"留存在记忆里"。相反,如果不整理,杂乱无章地把信息塞进头脑,它就会变质,无法调取出来。

在这里,我告诉大家如何构建"脑内信息图书馆"。这种魔法般的用脑方法,能够牢固地保存输入的信息,而且可以瞬间调取出来。

想象着大脑里事先做好了分门别类的书架,并按照分类添加项目名。自己需要的信息输入进来后,注意按其类别进行记忆。为此,必须事先将自己需要的信息全部写出来。

我在第一章里说过,通过"写"可以打开信息的"接收天线"。我们可以像下图这样预先写好信息的一览表。

把它打印出来,贴在办公桌前面上,或者拍照存入手机里,随时看一看,直到能记住为止。当你习惯之后,即使什么也不做,信息也会自动地、分门别类地集合起来。

在此向大家介绍一种运用"曼陀罗九宫格"(Mandalart)的方法——8个大项目中各写进8个小项目,作成64个项目的分类架构。曼陀罗九宫格是将9个3×3=9的小方格排列书写的方法,它可以应用于包括"达成目标""生成创意""记录讲义""头脑风暴"等在内的各个方面。活跃在美国职业棒球大联盟的大谷翔平选手,高中时为了实现"在8支职业棒球队的球员选拔会上排名第一"的目标而写下的曼陀罗九宫格,被电视台报道后广泛流传。

首先,在中央9个小方格的正中间"I"这里写上本次的目的"自己需要的信息"。那么,你想收集哪些信息存储到大脑里呢?请想出8个,从A开始按顺时针依次写下来吧。比如我写的项目就

抑郁症	阿尔兹海默症	睡眠	书中引用的脑科学	输入和输出的脑科学	脑内物质	阿德勒心理学	荣格心理学	积极心理学
药物疗法	精神医学	运动	工作方法	脑科学	图像和脑科学	社会心理学	心理学	儿童心理学
生活疗法	回归社会	各种烦恼	记忆	幸福	意识	心理学检查	心理咨询	能写进书里的心理学素材
何为AI	AI时代将消失的职业	机器人	精神医学	脑科学	心理学	睡眠	运动	食物
AI有意识吗	AI	自己运用AI	AI	自己需要的信息	健康	训练	健康	古代武术
AI和商务应用	使用AI的服务	新技术	电影	威士忌	美食	冥想正念减压法	时间管理	健康的素材
震撼人心的电影	最新电影信息	电影排行榜	新产威士忌	威士忌的相关活动信息	旅行	咖喱	寿司	新店信息
电影评价	电影	心理学精神医学	别人推荐的博客	威士忌	从别人那里听取的信息	自创菜肴	美食	米其林指南排行榜
最新热点	关注的导演:林奇、芬奇、诺兰	《星球大战》	酒吧	威士忌&美食	威士忌酿造厂	别人的博客	想去的餐馆	照片

是"精神医学""脑科学""心理学""健康""美食""威士忌""电影""AI"。

然后，来看看A的"精神医学"。首先，把"精神医学"这几个字转写到左上角9个小方格正中间的"a"里面。因为"精神医学"的范围很广，所以要考虑具体对精神医学中哪个方面的信息感兴趣，然后把想到的8个项目又写到"a"的周围去。我写的是"抑郁症""阿尔兹海默症""睡眠""运动""各种烦恼""回归社会""生活疗法""药物疗法"。

接着，看看B的"脑科学"。把它转写到正上方9个小方格正中间的"b"里面，同样在"b"的周围写上8个项目。接下来按顺序重复这道程序，填完所有小方格就算完成了。

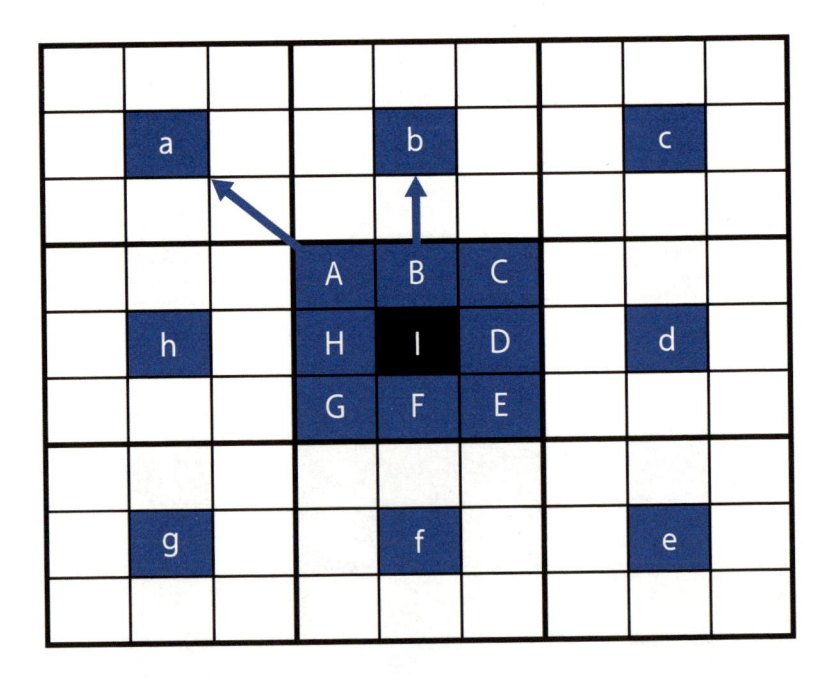

你选取的感兴趣的信息,多达8个方面64个项目。请把它打印出来贴在桌面上,或者拍照保存进手机里,随时看一看。这将有助于你打开兴趣的接收天线。因此,当你正在网上浏览信息或去书店查看架上的新刊时,就能马上意识到"这就是自己需要的信息"。

阅读信息或读书时,也能整理归纳进这个九宫格的架构。只要每天坚持这样做,脑内信息图书馆就会不断得到充实。

请你务必抽时间填完这81个小方格,试着写出自己的"脑内信息图书馆"。

为了方便各位读者填写、构建"脑内信息图书馆",我准备了可以直接打印使用的空白曼陀罗九宫格。请从夹页上的"读者免费赠送"处下载使用。

构建"脑内信息图书馆"的3个好处

INPUT → OUTPUT

1 打开兴趣的接收天线。自动收集信息。

2 对信息进行分门别类的整理,有助于记忆。

3 能随时调取出信息。

努力输入之前,先填写这个曼陀罗九宫格吧。

第七章 飞跃提升输入能力的方法(应用篇)ADVANCED

CHAPTER7 ADVANCED　学习不可贪多

——收获"3点启发"就足够了

"这场研讨会花了1万日元，所以我要全盘吸收，一句也不能听漏。"越是如此热心、积极地学习的人，问卷调查反而只写了几行。有时，我在交流会上说的话，他们理解得也不透彻。这是为什么呢？

这是因为，大脑一次最多只能记忆和处理3点信息，如果试图处理更多信息，大脑就会撑爆，全部忘记。

大脑给人的感觉是容量非常大，但一开始处理信息的入口其实非常狭窄。你可以想象有3个托盘（或碟子）——信息的处理就是在这上面交替进行的。

处理信息的空间、大脑的作业空间叫作"工作记忆"，它的范围非常狭小。

越是"不想漏听任何信息"，越会加重大脑的堵塞，陷入什么也学不到的状态。学习切不可贪多。

我在研讨会上发的问卷调查纸上，最上面一栏写着："请写出今天想学到的3件事。"我在研讨会开始的大约1分钟内请学员们填好，有时还会提醒说："今天，请大家带着3点收获回家。"

把数量限定为"3个"，可以打开"注意的接收天线"，增强专注力，让学习效率最大化。如果试图得到"7点启发"，大脑就可能会撑爆。

以前，大部分人都不做"明确目的"这一步，最后在调查问卷的大片空白栏自由描述今天受到的启发时，他们要么只写了几行，要么一个字也写不出，最终没有提交。输入了多少，就可以输出多少，由此想来，这些人几乎什么也没学到。

一场2～3个小时的研讨会，要想从头到尾保持高度专注力是不可能的。"不听漏一字一句"的姿态，就等同于"从头到尾都保持高度专注力"。这是绝不可能做到的。

本来想"学到全部知识"，结果等到临近后半场的关键点时，大脑就已经疲劳，专注力下降，到头来错过了关键点。

阅读时也是如此，要明确阅读目的，以输出为前提进行阅读。例如："我要得到3点启发，然后输出！"这样做，在极大地加深阅读的同时还能收获3点以上的启发。

学习不可贪多。只要能收获"3点启发"就足够了。以这样的姿态听讲的人，才能让学习效果最大化。

大脑里处理信息的"托盘"只有3个

信息处理·大脑工作空间＝工作记忆 只有3个

想学的东西过多，大脑就会很疲劳！

"不错过一字一句"是不可能的。
应该有重点地学习。

第七章 飞跃提升输入能力的方法（应用篇）ADVANCED

CHAPTER 7 ADVANCED

学习不可知足

—— 可以无限学习的"3+3"法

有很多人觉得：难得花昂贵的费用参加研讨会，难得1本书写了200多页这么厚，如果只收获3点启发就太少了。

请注意，我说的是"大脑一次最多只能记忆和处理3点信息"。**一次最多3点**。那这次完成后，就可以处理下次的3点。

假如你要处理A、B、C、D、E、F这六点信息，如果试图一次性处理完，就超过了大脑的"3点"容量，会使大脑撑爆，停止运转，学习效果为零。

首先，要把范围缩小为对A、B、C这3点信息进行处理。处理完，告一段落之后，再接着处理D、E、F这3点。接下来，再处理G、H、I这3点……重复这样做，就可以像3+3+3+3+…这样无限地进行学习。

我在研讨会发的问卷调查纸上，写完3点启发后，接下来的问题是："请写出3件想从明天开始实践的事情（TO DO）。"大多数学员都写得出TO DO。在以前对研讨会学员做过的实验中，当请他们继续写出另外3点启发时，许多学员又写出了另外3点启发。

这就是3+3+3学习，我将这种方法称为**"3+3"法**。在"自由描述今日所学"栏一个字也写不出来的学员，通过使用"3+3"法，可以回想起许多"启发"和"TO DO"。

其实，也可以把"3+3"法运用到读书上。现在，你很想从《输入大全》中获得大量知识，但请你先忍住，等读完后写出"3点启发"和"3点TO DO"。然后，请在1周内将这"3点TO DO"付诸实践。

　　1周过后，请再次快速翻看一下《输入大全》，同时写出另外"3点启发"和"3点TO DO"。然后，在1周内付诸实践。每周重复这样做。《输入大全》里写了80个方法。如果按3+3+3+3+…这样每次实践3个，只要半年就可以把其中大部分变成自己的东西。

　　要随时意识到"3"这个数字。每次只处理3件任务或工作。不要一次全部做完，而要分散、分割开来处理。这样做，可以飞跃式地提高你的学习效率。只要每次学习3点，踏踏实实地不断反复地输入和输出，就能够无限地成长下去。

不要一次处理全部信息

学习时贪多的人
A B C D E
撑爆
停止运转
学习效果为0

学习时不贪多的人
A B C OK！
D E F OK！
G H I OK！
3+3+3+…学习效果无限增加！

> 请马上实施阅读本书获得的"3点启发"和"3点TO DO"吧。

第七章　飞跃提升输入能力的方法（应用篇）ADVANCED

CHAPTER7 ADVANCED 充分利用睡前时间

——睡前15分钟是"记忆的黄金时间段"

最适合输入的时间是上午。然而,对于工作繁忙的商务人士来说,除非平时很早起床,否则很难把上午的时间用于自己的学习。

除了上午,还有什么时间段最适合输入和记忆呢?答案是:睡前15分钟。睡前的15分钟也被称为"记忆的黄金时间段"。

为什么"睡前15分钟"容易记住呢?

因为,人在睡眠过程中,会把前一天经历的事和输入的信息整理、固定为记忆。输入后,什么也不做,直接睡觉,就容易将输入的信息固定为记忆。

有这样一项研究,将实验对象分为两组,分别在晚上学习,其中一组睡前2小时内什么也不做,另一组睡前看一场电影,然后第二天测试记忆程度。结果,"看电影组"的成绩较低,而"什么也不做组"的成绩较高。

阻碍记忆固定的因素中,有一项是"记忆冲突"。默记了一定程度的内容后,如果又输入相似或多余的信息,这些信息就会在大脑里互相冲突,将正准备固定的记忆打乱,阻碍记忆固定。

什么也不做,直接睡觉,就不会发生"记忆冲突",于是大脑不需要处理多余的信息,就容易固定为记忆。

打个比方,有的考生在用功学习了一整天后,可能会想看30分钟电视,或者打30分钟游戏再睡觉。从记忆方法来看,这可以说是最不可取的"睡前时间"利用法了。

洗完脸、刷完牙,在睡觉之前,不如复习一下你最想记住的、"最重要的输入"吧。再确认一次那些很难记住的内容,然后就这样钻进被窝里睡觉。你将体验到不可思议的成果——第二天早上醒来的一瞬间，临睡前记忆的内容都会浮现到脑海中来！

"记忆的黄金时间段"，就是"输入的黄金时间段"。合理运用的话，就能轻松地记住那些很难记住的东西。

睡前15分钟容易记住的原因

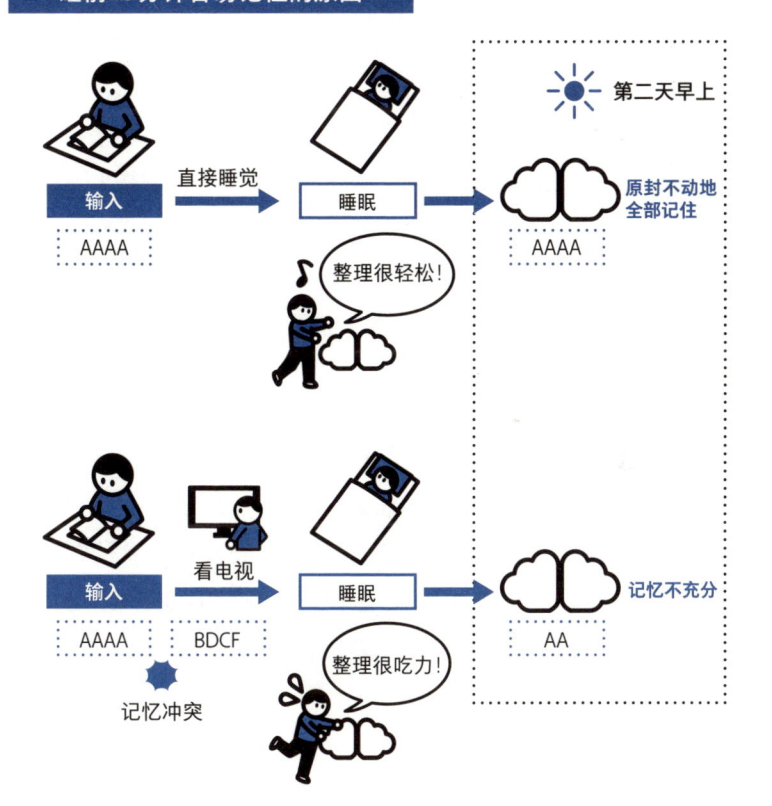

输入	直接睡觉	睡眠	第二天早上	原封不动地全部记住
AAAA				AAAA
		整理很轻松！		
输入	看电视	睡眠		记忆不充分
AAAA BDCF				AA
记忆冲突		整理很吃力！		

> 把手机和电视机从寝室里撤走，使"寝室输入"形成习惯。

CHAPTER7 ADVANCED 改善记忆力

——"每周运动2小时以上"可以提高记忆力

有的人说:"我虽然学了各种输入方法,但因为自己本来'记忆力'就不好,所以输入起来很吃力。"——其实,即使你已经过了40岁,不,即使已经过了70岁,也仍然能够改善记忆力。

这种方法就是:运动。只要运动,就会改善记忆力。不只记忆力,还有专注力、选择性注意力、实践能力、阅读理解能力、运动能力、工作记忆、创造力、想象力、动力、学习能力(学习成绩)、IQ(智商)、积极性、耐压性等,多项大脑机能都会得到提高。

一句话,只要运动就可以变聪明。

【提高记忆力的具体运动法】

(1)运动种类

能够激活大脑、使人变聪明的运动是"有氧运动"——包括走路、跑步、慢跑、骑自行车、游泳、有氧健身操等。通过有氧运动,尤其可以增加海马体中BDNF蛋白质(脑源性神经营养因子)的数量,促进产生记忆所需的齿状核颗粒细胞,提高记忆力。

(2)运动时间

每周做合计2小时以上的有氧运动。每周运动几次,每次45~60分钟,就可以取得锻炼大脑的效果。在抽不出完整运动时间的情况下,哪怕每天只运动15分钟,只要1周内达到2小时以上,就能取得一定的效果。

（3）持续时间

单次运动只要超过10分钟，就可以增强记忆力，但这无法持久。坚持运动1～2个月可以维持增强记忆力的效果。

（4）运动强度

运动强度比较推荐中等强度（心跳加快、稍微有点难受的程度）。边聊天边把跑步机的速度提上去，达到无法正常聊天的速度，就是"中等强度"的运动。

（5）简单运动不如复杂运动

同样是做运动，做"简单运动"会降低锻炼大脑的效果，而通过"动脑筋的运动"，可以提高锻炼大脑的效果。在跑步机上跑，不如到室外跑。不断变换动作的有氧健身操、需要随机应变地反应和变化的武术等，都具有较高的锻炼大脑效果。

改善记忆力的运动法，是中等强度的有氧运动，每周达到2小时以上，运动越复杂、坚持时间越长，则效果越佳。怎么样，要不要今天就开始尝试一下呢？

运动能使人变聪明 → BDNF → 变聪明！

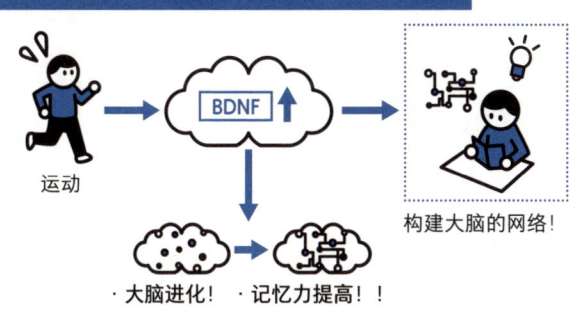

运动 → BDNF↑ → 构建大脑的网络！

·大脑进化！ ·记忆力提高！！

为了提高记忆力、保持健康，请开始运动吧。

CHAPTER7 ADVANCED 一边运动，一边输入

——从脑科学来看，唯一可行的"一心二用式"输入

前文说过，一边看电视或一边听音乐等"一心二用"的行为会降低学习效率和工作效率。不过，唯一的例外就是"一边运动，一边输入或输出"。

精神医学界有一种治疗阿尔兹海默症方面的引人注目的疗法——认知—运动双重任务训练。这种训练是让阿尔兹海默症患者一边在跑步机上行走，一边做"减法运算""接龙""列举动物名"等简单的大脑训练。

许多研究报告表明，通过认知—运动双重任务训练，可以改善初期阶段阿尔兹海默症——MCI（轻度认知功能障碍），防止向阿尔兹海默症方向发展，并且对改善阿尔茨海默病的记忆障碍、预防病情发展起到了作用。十多年前，阿尔兹海默症的"健忘"症状被认为是治不好的，但如今研究证实：通过坚持做认知—运动双重任务训练，可以得到改善。

通过运动与简单大脑训练的组合，可以比做单纯运动更大幅度地激活大脑。

认知—运动双重任务训练

运动 ＋ 大脑训练

100减7等于93，再减7等于86，再减7等于79……

激活大脑！

我在"改善记忆力"一节中说过,通过运动可以提升记忆力、专注力和创造力。其实,这些效果并非在"运动后"而是"运动过程中"就已经显现出来了。

例如,在一次"边走路边记单词"的实验中,"边走路边记的实验组"比"不做运动的实验组"多记了20%的单词。

运动时提升大脑机能的效果,从运动结束后开始逐渐降低。因此,"运动过程中"的记忆效果才是最好的。

在健身房运动或跑步时,有很多人会一边运动一边听音乐。不过,难得激活了大脑,我建议还是听"英语会话"音频之类的"耳学"教材为好。

思考创意的时候,即使在房间里对着书桌想上几小时,也想不出什么好创意。没有灵感时,不妨出门散散步吧。等你散步回来时,一定已经想到了好的创意。

运动能激活大脑。只要一边运动一边做,就可以轻易地提高记忆力、专注力和创造力。

运动效果立竿见影

运动过程中

- 记忆力 ↑
- 专注力 ↑
- 创造力 ↑

> 当会议陷入僵局时,那就一边散步,一边进行"头脑风暴式"的讨论吧。

CHAPTER 7 ADVANCED 休息

——休息时间应该起身运动

长时间工作或学习会引起疲劳，降低注意力和专注力，导致效率下降。这时候，就有必要休息一会儿，转换一下心情。

有很多人在休息时间会玩手机。但正如我在前文所说，休息时间是最不应该用来玩手机的。那么，最有效果的休息方法是什么呢？

答案是：运动。大量研究报告表明，只要运动10分钟，就可以提高专注力、记忆力、动力（干劲）等。

像我这样工作自由的人，最好是到室外散步10分钟。每当工作上遇到瓶颈，我就到河岸边的小路散步，即使只走10～15分钟，通过"运动+大自然"的结合，也能够取得可观的恢复效果。

不过，在公司上班的人就很难在休息时间进行运动了。所以我的建议是上下走楼梯。大家把文件带去其他部门或者前往会议室的时候，通常都会使用电梯或自动扶梯。其实，如果每次都换成走楼梯，就可以争取到相当多的运动时间。

或者，用休息的10分钟时间来上下走楼梯也可以。如果在蓝天下散步，转换心情的效果就更佳。所以，去附近的便利店买点东西也很好。总之，不可以久坐不动。

根据悉尼大学的研究，跟每天坐着的时间不到4小时的人比起来，每天坐11个小时的人死亡的风险会提高40%。该项目研究人员推算出这一结果：如果看电视久坐不动，每持续1个小时就会使平均寿命缩短22分钟。

美国UCLA的研究报告称：坐着的时间越长的人，内侧颞叶会变得越薄。内侧颞叶一旦变薄，将导致认知功能减退，还可能引发阿尔茨海默病等痴呆症。久坐会给大脑和身体都带来很大害处。

而有报告表明，"站立"可以激活前额叶，提高专注力和工作记忆的机能。近年来，在"站立式办公桌"的效果得到验证的同时，也有报告指出：长时间站立也不好，"站立式办公桌"对健康无益。我只是强调"久坐"非常有害，并不是说"站着工作"就好。

一直以来，人们印象中的休息就是"坐着放松"。体力劳动者这样做是正常的，但长时间坐着处理文书工作的人，至少在休息时间就尽量起身运动一下吧。

"1次10分钟"的"轻松运动"也OK

10分钟慢骑自行车后，能提高记忆力测试的成绩，激活大脑海马体的学习机能。

↓

1次10分钟的轻松运动也能激活大脑，提高记忆力！

参考筑波大学和美国加利福尼亚大学尔湾分校共同研究

> 不要久坐不动，而要每小时休息1次，活动一下身体。

第七章 飞跃提升输入能力的方法（应用篇）ADVANCED

CHAPTER7 ADVANCED 移动

——通过激活"位置神经元"来提高记忆力

下面哪种学习方式的效果更好呢?
A. 闷在一个地方学习。
B. 变换多个地方学习。
答案是:B。

美国密歇根大学的一项研究考察了场所与记忆的关系,他们给实验对象10分钟(2次)时间,记忆40个单词。

A组第1次和第2次都是在同一个房间里记忆;而B组第1次和第2次则是在不同房间里记忆。结果,A组成功记忆的单词平均数量是

变换场所

美国密歇根大学的研究
给10分钟(2次)时间,记忆40个单词

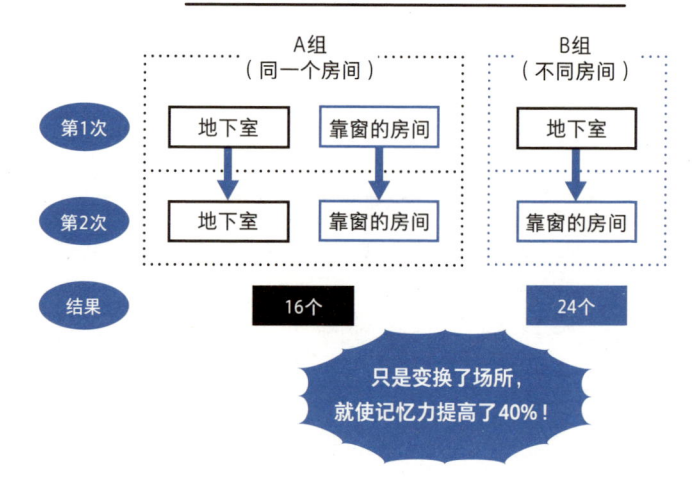

	A组 (同一个房间)		B组 (不同房间)
第1次	地下室	靠窗的房间	地下室
第2次	地下室	靠窗的房间	靠窗的房间
结果	16个		24个

只是变换了场所,就使记忆力提高了40%!

16个，而B组是24个。没想到，只是变换了场所，就使记忆力提高了40%。

研究人员认为，这是由于"位置信息"与"单词信息"相关联，因此，在不同的位置记忆增加了有助于回忆的线索。

此外，变换位置还能激活位于海马体的"位置神经元"。海马体是掌管记忆力的部位，变换位置、走路、移动可以激活大脑，提高记忆力。发现了位置神经元的约翰·奥基夫博士等人获得了2014年的诺贝尔生理学或医学奖。

其实，我也在每天3次地变换着位置进行工作。上午在自家书房；下午到咖啡馆吃午餐，然后在那里写作几个小时；之后，移步到办公室继续写作。通过变换位置，也能转换心情，重新调动专注力，能取得很好的工作效果。

桦泽式的移动工作法

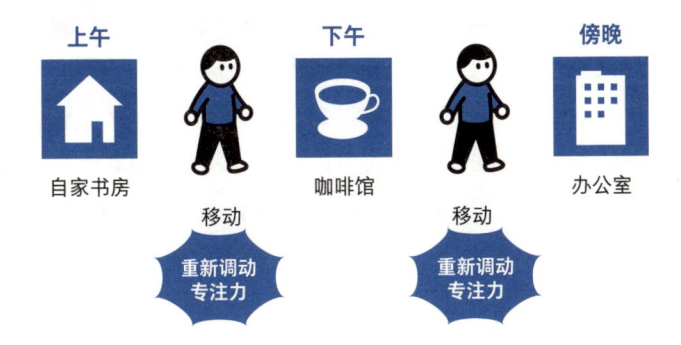

上午		下午		傍晚
自家书房	移动 重新调动专注力	咖啡馆	移动 重新调动专注力	办公室

> 要拥有多个能让自己保持专注的场所，例如：自己家里、咖啡馆、图书馆等。

第七章 飞跃提升输入能力的方法（应用篇）ADVANCED

CHAPTER7 ADVANCED

为将来做准备

—— 现在的输入效果,要10年后才能实际感受到

有人问我:"要过多久才能看得到学习效果呢?"我立刻回答说:"10年!"对方顿时流露出非常失望的表情——想必他是为10年这么长的时间感到愕然吧。

我写的《输出大全》成了畅销书,我对此深有体会:"10年前读过的书,现在终于看到效果了。我能写出畅销书,要归功于从10年前就开始坚持认真地进行输入。"

当然,也有很多情况是读完书就能立马看到效果的。不过,刚读完书时,对于书中内容仅仅是"知道了"而已,还没到自然地付诸行动的程度。

打个比方,你学到了"早上第一件事就是写TO DO列表"的方法,可以从第二天早上开始实行。但你却想不到要写哪些TO DO,又或许因为太忙而忘记了写。不过,只要坚持个一年半载就会逐渐形成习惯,一坐到办公桌前,就不由自主地进入了写TO DO列表的状态。也就是说,知识已经化为自己的血肉,形成了一种习惯。

要达到不假思索而下意识地行动的状态——换言之,要达到这种并不只是"知道了"而且还"掌握了"的状态,需要一定的时间。

2009年,我出版了自己的第一本商务书籍《赚一个亿的心理战术》(中经出版)。当时我想:"我要写一本能改变许多人的工作方式、能代表这个时代的商务书籍。"为此,我反复不断地进行了大量输入和输出,终于在9年后完成了《输出大全》这本书。

在短期内输入必要的知识固然很重要，但仅仅这样是不够的。你希望10年后的自己是什么样的？——你树立起这个"目标"，并思考："为了接近目标，我需要做什么？我应该输入什么？"为了变成理想中的"10年后的自己"，必须进行"为将来做准备"的输入。

我们此刻的心灵和大脑，是由10年前的输入造就的。

而此刻，你为了变成10年后的自己，又在进行着什么样的输入呢？

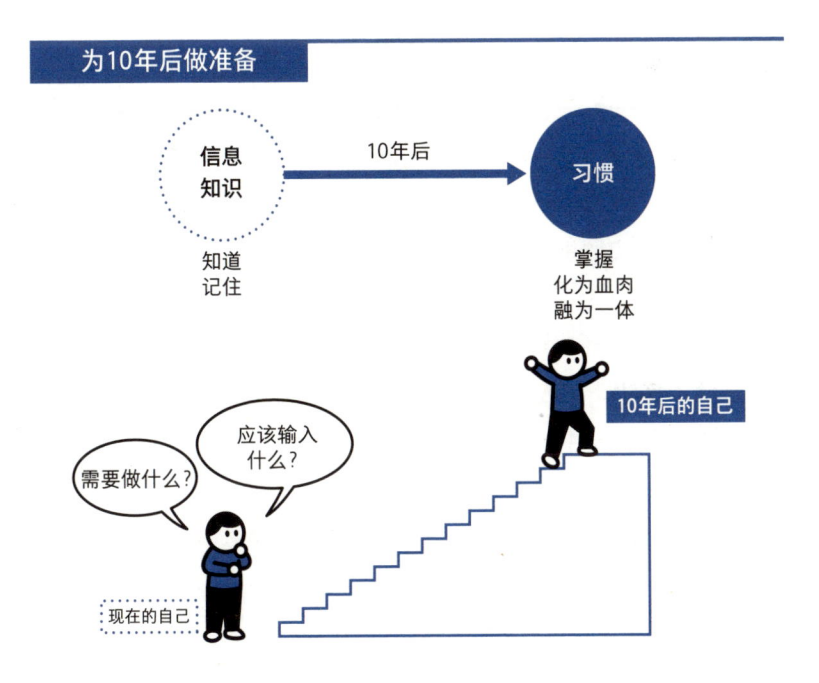

为10年后做准备

信息
知识
→ 10年后 → 习惯

知道
记住

掌握
化为血肉
融为一体

应该输入什么？

需要做什么？

现在的自己

10年后的自己

> 为了变成理想中的"10年后的自己"，要进行必要的输入。

结束语

感谢您读完此书。

我写此书是为了打造一本"令和时代的教科书"——"能提高知识生产的商务书籍的权威版"。

今后的时代,能够用更少时间完成更多工作的"生产效率高的人"才能获得社会认可。而随着AI的快速普及,那些只懂得"被动地完成工作"的人很可能被社会淘汰。

社会需要必须能主动思考,积极输入,能想出AI想不到的创意,具有很强的创造力的人才。

我希望,10年、20年后重读此书时也仍然会有新发现。我希望,大家能把此书当作在令和时代实现飞跃的"案头参考书",加速自我成长。

另外,虽说即将迎来"人生100年的时代",但显然不是每个人都能活到100岁。

而且,即使活到100岁,如果处于没有朋友、没有亲人、没有钱的孤独愁苦的状态,也很难称为幸福。

此书不仅是一本能帮助你"取得事业成功"的商务书籍,而且还添加了"健康""交流""娱乐"等幸福生活所必需的核心要素。

换言之，这是一本有助于事业成功、生活多彩、身体健康、快乐幸福的"人生100年时代的教科书"。

让我们拥有百病不侵的健康身体，精神焕发地工作，充实快乐地享受生活。让我们在令和时代积极地、幸福地生活吧。

如果此书能对此有所贡献，我这个精神科医生将会感到无比幸福。

桦泽紫苑

令和元年7月某日

如何写出一篇好文章
不动笔就能学会写文章的训练法

ISBN：9787515356006
著者：[日] 山口拓朗
出版社：中国青年出版社
定价：49.00元

★ 写文章并不是作家的专权！
★ 生活中随时会需要写点东西，有的是长文，有的是短文，从邮件、文案到报告、调查，无所不包。
★ 这本书的神奇之处就在于，告诉我们一个写作的真谛：不动笔就能学会写文章。更重要的是，这一真谛可以通过训练来掌握。

如何写出一篇好文章？

一篇文章的好坏，九成取决于动笔之前。

即便不是作家，或文字工作者，相信每个人都有枯坐在桌前，面对空白的Word文档苦苦思索的经验。

不管是Email、广告文案还是企划书，"写不出来""不知该如何开始""写的东西没办法说服人"……永远都是职场菜鸟、写作小白的噩梦。

本书并非专门写给"写手"——职业作家或记者看的，而是写给普通人的写作书。本书作者在成为日本写作高手之前，文章被批评为无趣、不具说服力、没有观点……差点失去了成为职业写作者的信心。通过不断思考何谓"好看的文章"，终于将"随便写写"上升到"写之前先准备""思考过后再写""写时思路清晰"……下笔必成的状态。

九宫格写作法
如何写出一篇好文章

ISBN：9787515361819
著　者：〔日〕山口拓朗
出版社：中国青年出版社
定　价：45.00元

◆ "写文章"不只是出于专业需要、学术需要，它已成为个人发展和日常交际必备的底层技能，大到策划案、小到外卖评价，都需要收集、整理素材，输出内容。本书提供的正是对这一技能的有效训练。

◆ 本书给出了简单、易操作且经实践有效的写作方法，九宫格就像充满趣味的填字游戏，激发人们"看到空格就想填满"的本能天性，帮助人们以简单的框架梳理繁杂的信息，应对各个场景下的写作需求。

◆ 作者山口拓朗是亚洲知名的商业撰稿人、畅销书作者，致力于实用类写作技能的研究和培训，聚焦生活场景中的应用文写作，并针对自媒体时代社交平台的特性分享了独到的写作方法。

　　写文章是你的痛点吗？

　　本书以独特的"九宫格"为框架，启发读者直面自己的观点和感受，收集素材、推敲文笔、巧用模板，逻辑清晰地将已知信息有效输出。

　　作者用积累了20余年的写作经验整合出一套科学有效的写作逻辑，为你消除"写不出来"的烦恼，用极简的方法提升个人极为重要的底层技能。

　　也许你是整日与邮件打交道的白领，也许你是急需优质文案的策划人，也许你只是想好好发个朋友圈的普通人……本书就是为你量身打造的"写作秘籍"，从此轻松应对日常场景下的写作需求。

　　现在，填满"九宫格"，升级你的写作技能！

模板写作法
世界上最简单的写作课

亚洲知名商业撰稿人　畅销书作家

1972年生于日本鹿儿岛县，成长于神奈川县。曾在出版社担任编辑和记者，之后成为自由作家，20余年间采访超过3000人。

ISBN：9787515363394
著者：（日）山口拓朗
出版社：中国青年出版社
定价：49.00元

★ 日本写作大师山口拓朗20多年写作心法集成！
★ 写作极简速成法：将写作放到模板中，懒人也能写出好文章！
★ 勘破写作的秘密："列举型""故事型""结论优先型"三种有效且通俗流畅的写作模板，以及在三种基础模板的基础上组合得出的若干种"组合型"模板！

这是一本懒人必备的模板写作指导书。

"写点什么"是当代人无法摆脱的一大难题。

那么，写作难道没有章法可循？答案当然是"有"。

尤其对于实用文而言，写作的基本要求就是高效且清晰，对此模板便提供了有效的章法。日本著名的写作大师、畅销书作者山口拓朗基于20余年的写作经验，总结出了列举型、故事型、结论优先型三种基础的写作模板，并提供了基础之上的多种进阶组合模板，以实践有效的方法为你找到一条实现写作自由的"捷径"。